THOMAS GIRST

Alle Zeit der Welt

CARL HANSER VERLAG

1. Auflage 2019

ISBN 978-3-446-26187-7
Alle Rechte vorbehalten
© 2019 Carl Hanser Verlag GmbH & Co. KG, München
Umschlag: Peter-Andreas Hassiepen, München
Motiv: © Christoph Niemann, Siesta, 2018
Satz: Satz für Satz, Wangen im Allgäu
Druck und Bindung: CPI books GmbH, Leck
Printed in Germany

Inhalt

An die Leserin, an den Leser — 7

Der Briefträger Cheval — 13
Zeitkapseln — 19
John Cage in Halberstadt — 25
Aufmerksamkeitsökonomie — 31
Was auf den Tisch kommt — 37
Millennium-Probleme — 43
Verfallsdaten — 49
Muße und Müßiggang — 55
Geduld — 61
Der Tod muss sterben — 67
Rendezvous — 73
Éros, c'est la vie — 79
Sprezzatura — 85
Raumschiff Erde — 91
Schwarze Schwäne — 97
Ewigkeit — 103
Pechtropfen — 109
Nachhaltigkeit — 115

1000 Jahre sind ein Tag	121
Kirschblüten	127
Epoche der Hast	133
Spuren im Schnee	139
Bleibende Werte	145
Die Eisprozession	151
Enzyklopädien	157
Klangkörper	163
Häuser, Apartments, Höhlen	169
Unvollendetes	175
Literaturverzeichnis, Quellenangaben	181

An die Leserin, an den Leser

Wenn ich ehrlich bin, dann habe ich zunächst einmal ganz für mich allein Halt gesucht. Halt in einer Welt, in der sich das Hässliche immer schneller auszubreiten und das Schöne umso schützenswerter scheint. Halt in Zeiten, wo mich oftmals die Sorge umtreibt, dass es unsere beiden Söhne und unsere Tochter einmal sehr viel schlechter haben werden als die meist mit unglaublichen Privilegien gesegnete Generation vor ihnen. Kann der Mensch neben Kriegen, Zerstörung, Wut, bösen Worten, Ressourcenverschwendung und Umweltverschmutzung, kann der Mensch inmitten des Gifts von Nationalismus, Chauvinismus, Fremdenfeindlichkeit und Populismus, das ganze Gesellschaften zersetzt, nicht doch auch Wunderbares erschaffen? Als einzige Lebewesen unseres Erdballs sind wir in der Lage, über Grenzen, Generationen und oft über Jahrtausende hinweg Herrliches hervorzubringen. Liegt eben genau darin nicht auch der Sinn unseres Daseins begründet? In der Poesie, den Künsten, den Wissenschaften, der großartigen Freiheit unserer Demokratie sowie in einer nachhaltigen Wirtschaft und ja, warum nicht, auch in der Religion, solange sie keinen Alleinanspruch für sich erhebt? In einer Politik, die mit Bedacht abwägt und von Menschen für Menschen maßvolle Entscheidungen trifft statt sich immer lauter und schneller sieben Tage die Woche und 24 Stunden am Tag um sich selbst zu drehen?

In den leisen Tönen und nicht im lauten Poltern, in der Ruhe und in der Stille, in der Konzentration und nicht in der hyperventilierenden Hetze, die tagtäglich an uns zerrt, offenbart sich zumeist das Schöne im Menschen, all jenes, das wir eben auch zu vollbringen imstande sind. Gut Ding will bekanntlich Weile haben. Doch allzu oft gerieren wir uns als Getriebene, was sich in unseren Taten wie in unseren Worten zeigt. »Hast du einen Augenblick für mich?« »Ich brauche dich mal für einen Moment«. Wie viele Sätze beginnen am Arbeitsplatz und selbst zuhause mit »Nur kurz, …«? Ein spürbares Unbehagen breitet sich unterdessen aus. Das irritierende Gefühl, nie irgendwo wirklich zu *sein*, nichts wirklich hinzubekommen. Das Unwohlsein, nie genug und alles nur auf halber Pobacke zu tun statt mit Leib und Seele dabei zu sein – und von Herzen.

»Alles in unserer Gesellschaft ist auf das kurze Sofortglück angelegt, Espresso, Zucker, Facebook-Likes, Porno, Drogen, Alkohol – immer geht es um Instantbefriedigung. Alle Hormone aber, die für echte Zufriedenheits- oder Glücksgefühle zuständig sind, werden bei diesem Verhalten eher heruntergefahren als angeregt. Die Sofortbefriedigung hindert uns an tieferem Wohlbefinden. Je mehr man das eine privilegiert, desto schwerer ist es, das andere zu empfinden.« In meinem eigenen Nachdenken und Schreiben über die Langsamkeit und die Dinge, die sehr viel Zeit in Anspruch nehmen, fühlte ich mich durch diese Zeilen der Schriftstellerin Virginie Despentes bestätigt. Eine kurze Aufmerksamkeitsspanne ist fürwahr keine Grundlage für tief empfundenes Glück. Wie wenig hilfreich ist es obendrein, dass die Geschäftsmodelle der meisten Firmen des Silicon Valley, die neuerdings unser Leben bestimmen, auf gezielter und beständiger Ablenkung beruhen und überlegter Kontemplation, Besonnenheit, Muße oder geistiger Achtsamkeit gar nicht mehr bedürfen – alles Eigenschaften, zu denen wir Menschen mühelos befähigt sein sollten, mit deren Anwendung wir uns heute aber immer schwerer tun.

Über Snapchat, WhatsApp, Instagram und Facebook kommunizieren wir im Minutentakt mit Freunden, »Freunden«, Bekannten und Fremden – während die Zeit für wahrhaftigen Dialog knapp geworden ist. Schon 2003 eröffnete die Internetplattform Second Life ihre Pforten. In Echtzeit spazierte man durch dreidimensionale virtuelle Welten, in denen man als Avatar mit hunderttausenden anderen Nutzern in Verbindung treten konnte. Manche Staaten eröffneten tatsächlich digitale Botschaften im Second Life. Heute scheint es so, als wäre das Second Life vor den Bildschirmen unser First Life. Trotzdem bleibt die Sehnsucht nach wirklicher Nähe und Zuwendung bestehen, gerade je mehr wir uns im digitalen Raum zu entfremden drohen. Der Soziologe Hartmut Rosa hält mit seinem Kernbegriff der Resonanz dieser Dynamik entgegen und hebt die Bedeutung dessen hervor, was uns »auf lebendige

Weise mit der Welt verbindet«. Nur fernab der Belastung, sich einander in den digitalen Echokammern der Eitelkeiten als Idealbilder zu präsentieren und tagtäglich unseren Platz in der Hackordnung oberflächlicher Geltungssucht zu behaupten, finden sich Raum und Zeit für eine unverfälschte Auseinandersetzung mit unserem Umfeld wie auch mit uns selber. Zeit, die es ermöglichen kann, in unserem Tun wieder einen Sinn zu entdecken, Zeit, die eben nicht mehr von innen hohl ist.

Wir müssen uns selbst den Druck nehmen. In der Ära der Abkürzung argumentiere ich für den Abstecher. In der Zeit des Algorithmus bevorzuge ich den Zufall. Nicht der Zufall als reine Koinzidenz, sondern vielmehr als das, was man im Englischen *serendipity* nennt und was der Kulturwissenschaftler Carlo Ginzburg einmal als »unvorhergesehene Entdeckungen, die durch Zufall und Intelligenz gemacht werden« umschrieben hat. Davon handelt dieses Buch. Es kann hier und anderswo nicht immer nur darum gehen, wie wir bei allem und jedem am schnellsten von A nach B kommen. Oder darum, dass Cookies, Tracking-Programme und Apps auf den Bildschirmen stets nur das anbieten, was uns vermeintlich am allermeisten interessiert. Ich rede keineswegs dem *Digital Detox*, einer kompletten digitalen Entgiftung, das Wort. Auch das vom *Slow Movement* propagierte Dogma der Entschleunigung bringt uns nicht weiter. Durch die Behauptung alternativer Maximen werden nur wieder neue Fronten geschaffen, die wir überhaupt nicht brauchen. Langsamkeit ist mitnichten Selbstzweck. Es ist schließlich ein Segen, wo immer man sich aufhält, in Windeseile mit nur einem Mausklick das gesuchte Zitat in einem Text zu finden anstatt dafür wochenlang bei der Fernleihe auf ein Buch zu warten. Andererseits gilt es, die Schönheit des Analogen zu wahren und nicht müde zu werden, auf den Unterschied von Information und Wissen hinzuweisen. Erstere steht uns im Technologiezeitalter immer und überall wunderbar zur Verfügung, Letzteres gilt es sich zu erarbeiten.

»Alles, was es wirklich zu tun wert ist, braucht seine Zeit.« Man muss nicht einmal ein Fan von Bob Dylan sein, um ihm aus ganzem Herzen zuzustimmen. 100 schlechte Lieder müsse man schreiben, damit ein gutes dabei rumkommt. »Dabei bist du ganz alleine auf dich gestellt und musst deinem eigenen Stern folgen.« Und welche Landschaften man entdecken kann, wenn man tief und weit in sich selber ohne Kompass unterwegs ist! Einzig der Ruhe, der Zeit und der Demut bedarf es für dieses allergrößte Abenteuer, von dessen Erfahrungen uns im 16. Jahrhundert bereits Teresa von Ávila umso ausführlicher berichtete, je mehr Räume sich in ihr auftaten. Ja, wir sind ganz allein dabei, aber niemals sind wir einsam. Bei allem, wofür wir uns Zeit nehmen, stehen wir auf den Schultern von Giganten, in Bibliotheken finden sich ganze Armeen uns zugewandter Menschen Seite an Seite, und Bücher können lebenslange Freunde sein. Charles Baudelaire sprach einmal davon, wie wir durch das geschriebene Wort oder durch Kunstwerke mit anderen Menschen durch Jahrhunderte und selbst Jahrtausende hindurch in Verbindung treten können wie die Lichtsignale der Leuchttürme entlang der nächtlichen Küste.

Die Leserin und den Leser möchte ich bitten, sich für die in diesem Buch versammelten Geschichten Zeit zu nehmen. So sehr ich mich bemüht habe, entspannt zu schreiben, so sehr musste ich meinen Mitteilungsdrang beherrschen. Sollte das nicht immer gelungen sein, muss ich um Nachsicht bitten. Mir geht es vor allem darum, großartigen Errungenschaften der Kulturgeschichte und Wissenschaft Raum zu geben, über Disziplinen und Kategorien hinweg aufzuzeigen, was Menschen alles bewerkstelligen können, was uns letztlich im Kern ausmacht und was jeder Einzelne von uns vermag. Ich erzähle über Dinge von Dauer, die jedem ein Bollwerk der Ruhe inmitten unserer Epoche der Rastlosigkeit sein können. Glücklich wäre ich, wenn sich bei der Lektüre eben jener reiche Erkenntnisgewinn einstellt, den ich beim Schreiben dieses Buches erlebt habe. Nun liegt »Alle Zeit der Welt« in Ihrer Hand.

Der Briefträger Cheval

»10 000 Tage, 93 000 Stunden, 33 Jahre Anstrengung.« Mit dieser in die Außenwand gemeißelten Inschrift beschloss der Landpostbote Ferdinand Cheval (1836–1924) die Arbeit an seinem *Palais idéal*. Am Ufer der Galaure, auf dem Grundstück seines ehemaligen Gemüsegartens im Örtchen Hauterives im Südosten Frankreichs, errichtete er zwischen 1879 und 1912 ein riesenhaftes, überbordendes Bauwerk aus Steinen, Kieseln und Muscheln, die er als Briefträger auf seinen langen Dienstwegen aufklaubte. Über 30 Kilometer führte ihn sein Weg tagtäglich durch entlegene Weiler und kleine Dörfer, vorbei an Hügeln, Tälern und Feldern. Ein Sohn verarmter Bauern, war Cheval 43 Jahre alt, als er bei einem dieser beschwerlichen Fußmärsche erstmals einen Stein aufhob und mitnahm. Der ruht heute auf einem kleinen Altar auf der Terrasse des *Palais idéal*, zu der den Besucher drei schmale Wendeltreppen hinaufführen. Und eben dieser Stein hatte ihn zum Bau des märchenhaften Palastes inspiriert. In seinen nachgelassenen Aufzeichnungen schreibt Cheval: »Der Stein ist von samtener Beschaffenheit, das Wasser hat an ihm seine

Arbeit getan, der Zahn der Zeit hat diesen einen Kiesel gleich erhärten lassen. Den eigentümlichen Stein von Menschenhand nachzuahmen ist unmöglich. Jede Tiergattung, jede Form ist darin enthalten. Ich sagte mir, wenn die Natur Skulpturen wie diese erschafft, dann verlege ich mich aufs Maurerhandwerk und die Architektur.«

Chevals begehbarer *Palais idéal* misst 30 mal 15 Meter und erreicht bis zu 13 Meter Höhe. Die dicht gestalteten eklektischen Fassaden schmücken hunderte Tierskulpturen, Darstellungen von Pflanzen und Gemüsesorten, mythische Kreaturen, Porträts von Zeitgenossen und historische Figuren, Riesen und zahlreiche organische Formen – allesamt Gestalten, die dem Briefträger entweder im Traum erschienen oder ihm auf seinen langen Botengängen in den Sinn gekommen waren. Genauso war Cheval von den Bildern fasziniert, die er in den Zeitschriften und auf den Postkarten sah, die er in Hauterives und benachbarten Orten austrug. Eben erst hatten Fotografien damit begonnen, die Wunder der Welt auch Menschen in den entlegensten Gegenden Frankreichs vor Augen zu führen. Als Monument der Volkskunst ist der *Palais idéal* ohne Vergleich. Seine Architektur zitiert Hindutempel, mittelalterliche Schlösser, eine Moschee, ein ägyptisches Grabmal sowie Schweizer Almhütten. Eine gotische Fratze, ein Oktopus und ein Phönix bewachen Höhlen, die Rehkitzen und Pelikanen gewidmet sind. Ein Kamel und ein Elefant sind vor dem Eingang einer langen, mit hunderten Ornamenten versehenen Galerie platziert, an der auch Chevals eigene Aphorismen prangen: »Für meine Ideen überstand mein

Körper alles: das Wetter, die Kritik, und die Zeit. Das Leben ist nur ein flüchtiger Augenblick. Meine Gedanken werden in diesen Steinen fortleben.« Ein Schrein ist seiner geliebten, selbstgezimmerten Holzschubkarre vorbehalten, mit der er über Jahrzehnte auf seinen Wegen die Steine für seinen Palast aufsammelte.

Durch Zufall wurde der junge französische Dichter Émile Roux-Parassac bereits 1904 auf Cheval aufmerksam und widmete dessen wunderlicher architektonischer Leistung ein Gedicht, das sein Bauwerk als *Palais idéal* pries. Cheval hatte seinen Palast zuvor auf den Namen *Diese Originalgrotten* getauft. Man mag ihm dafür verzeihen. T. S. Eliot nannte sein epochales Gedicht *The Waste Land* von 1922 ursprünglich *He do the Police in Different Voices*. Ähnlich wie Hemingway für *A Moveable Feast*, seine Erinnerungen an das ausschweifende Leben im Paris der 20er Jahre, zunächst *Auf den Nagel beißen*, *Das frühe Auge und das Ohr* oder *Wie anders es war, als Du da warst* als Titel vorgesehen hatte.

Cheval starb 1924, im gleichen Jahr erschien das erste surrealistische Manifest. Es verwundert kaum, dass der Palast des Postboten schnell zur Pilgerstätte für Künstler und Schriftsteller jener Bewegung wurde, die die Welt der Träume und des Unterbewusstseins für sich zu entdecken suchten. Ihr Begründer André Breton kam 1930 nach Hauterives, es folgten Dorothea Tanning, gemeinsam mit Max Ernst, der mit *Le Facteur Cheval* eine Collage schuf, die sich heute in der Sammlung des Guggenheim Museums befindet. Pablo Picasso hinterließ 1937 eine großformatige

Kohlezeichnung und erklärte nach seinem Besuch: »Unser Bruder, Postbote Cheval, Du bist nicht tot, bitte erbaue uns Betten aus Stein dergestalt, wie Du Deinen Palast in Hauterives geschaffen hast!« Zwölf Jahre nach Chevals Tod erschienen 1937 zahlreiche Fotos seines Bauwerks im Katalog von Alfred J. Barrs wegweisender Ausstellung *Fantastic Art, Dada, Surrealism* im New Yorker Museum of Modern Art. Immer mehr Besucher machten sich auf den Weg nach Hauterives. Gertrude Stein beschrieb den Palast als »wunderschön«, als einen »außergewöhnlichen Ort«. In den folgenden Jahrzehnten sollten noch viele andere, darunter Jean Tinguely, Niki de Saint Phalle oder Susan Sontag den Enthusiasmus der Schriftstellerin teilen.

1969 bemühte sich der Schriftsteller und Abenteurer André Malraux als französischer Kultusminister um die Aufnahme des *Palais idéal* in die Liste historischer Denkmäler. Dessen Zustand verschlechterte sich ständig, und die einzige Möglichkeit einer Rettung bestand in umfangreichen Sanierungsmaßnahmen. Malraux schwärmte von Chevals Errungenschaften als Inbegriff autodidaktischer Art Brut, als urtümliche wie einzigartige Architektur. Auch wenn er schließlich den Denkmalschutz für den *Palais idéal* durchsetzen konnte, musste er sich zunächst in seinem eigenen Ministerium gegen Stimmen wehren, die die Anlage als »rundum abscheulich« abtaten, als »kläglichen Haufen Irrsinn, ersonnen von einem Dummkopf«.

Es wundert kaum, dass der *Palais idéal* heutzutage eine Touristenattraktion ist, die jährlich über 100 000 Menschen nach Hauterives lockt, ein Dorf mit weniger als 2000 Einwohnern. Ferdinand Chevals vormaliger Gemüsegarten ist mittlerweile von hässlichen Gebäuden aus der zweiten Hälfte des 20. Jahrhunderts und einer Mauer umgeben, die den Besucherstrom lenken und vor den Blicken all jener schützen soll, die für den Anblick der Schöpfung des Postboten nicht zu zahlen bereit sind. Der Weg dorthin führt durch Straßen voller Ramsch, wo Geschäftsleute alles Erdenkliche von Eisspezialitäten bis hin zu Immobilien feilbieten: *Le palais d'immobilier, Le palais de glaces, Le palais du pedicure, Pizza idéal, Souvenirs idéal*. Dieser Budenzauber wird irgendwann verschwunden sein, Chevals Palast hingegen besteht fort. Nach einem Besuch dieses Monuments menschlicher Phantasie und Beharrlichkeit lässt man am besten Verkaufsstände und Touristenbusse links liegen. Abseits der Hauptstraße gerät man schnell auf Felder, von denen aus der Friedhof nicht mehr weit ist. Hierher verirrt sich kaum einer, der nicht auch trauert. Ebendort hat Cheval allerdings ein weiteres Jahrzehnt gewerkelt. Nach Fertigstellung seines Palasts bis zu seinem Tod im Alter von 88 Jahren errichtete er dort das Familiengrab, für »Stille und unendliche Ruhe«, wie er schrieb. Zuvor hatte man sein Gesuch abgelehnt, im Palast selber seine letzte Ruhestätte finden zu dürfen. »Nicht die Zeit vergeht, wir vergehen«. Es sind diese Worte, die Cheval als Sinnspruch auf der östlichen Fassade seines Grabmals anbrachte. Auf dem Weg zurück nach Hauterives, vielleicht dort, wo man in der Nähe des Flusses an den Maisfeldern entlangläuft, lässt sich aus dem erdigen Grund gut ein Stein herauslösen, so wie es der Postbote tagtäglich tat. Zu Hause auf dem Schreibtisch wird er daran erinnern, was ein einziger Mensch damit zu vollbringen vermochte.

Zeitkapseln

In den frühen 1880er Jahren schlendert ein junger Mann an einem Sonntagmorgen durch die Straßen von Paris und entdeckt in einem Antiquitätenladen ein Möbelstück. Er bewundert die italienische Arbeit aus dem 17. Jahrhundert, einigt sich mit dem Händler auf den Preis und lässt es zu sich nach Hause bringen. Eines Abends ertastet er in der Rückwand des Mobiliars ein verstecktes Fach, worin ein blonder Zopf mit goldenem Band zum Vorschein kommt. Der junge Mann verliebt sich augenblicklich in den Haarschopf, der ihm von nun an keinerlei Ruhe mehr lässt. Guy de Maupassants Erzählung *Das Haar* ist das Bekenntnis eines Geisteskranken. Durch seinen behandelnden Arzt in der Nervenheilanstalt erhält der Leser direkten Einblick in die Tagebucheinträge des Besessenen. Gottlob mögen nur die Allerwenigsten die nekrophilen Neigungen von Maupassants Protagonisten teilen, trotzdem lässt sich unsere Obsession mit Vergangenem gerade in jenen Momenten, wo wir mit ihm unmittelbar in Berührung kommen, kaum leugnen. Schatzsucher und Entdecker von Schiffswracks wissen davon genauso zu berichten wie jene, die am

Strand eine Flaschenpost finden oder plötzlich zwischen den Seiten eines Buchs eine jahrzehntealte Notiz in den Händen halten.

Die Idee der Zeitkapsel, also des bewussten Verwahrens ausgewählter Objekte und Dokumente in einem Behältnis, das erst nach längerer Zeit wieder geöffnet werden soll, fällt mit dem Ende des 18. Jahrhunderts etwa in die Zeit, als die unbekannte Schöne aus Maupassants Novelle ihre Haarpracht dem Geheimfach übergeben haben mag – und erfreut sich seither weltweit wachsender Beliebtheit. So darf ein 1939 15 Meter unter der Erde eines New Yorker Parks vergrabener Container erst im Jahr 6939 wieder geöffnet werden. Wer immer ihn dann aufmacht, wird auch einen Brief von Albert Einstein darin entdecken, der mit den Worten endet: »Jeder, der über die Zukunft nachdenkt, muss in Furcht und Schrecken leben«. Während Einstein diesen Satz zu Beginn des Zweiten Weltkriegs schrieb, schuf der US-amerikanische Pädagoge Thornwell Jacobs die »Krypta der Zivilisation« an der Oglethorpe University in Atlanta, ein luftdicht versiegelter Raum mit Alltagsgegenständen, deren Öffnung erst im Jahr 8113 gestattet ist. Allen Vorschriften zum Trotz fördert jedoch oft genug der Zufall für die Nachwelt bestimmte Dokumente vergangener Zeiten zu Tage. Als im südlichen Manhattan 1955 das Pulitzer World Building abgerissen wurde, entdeckte man einen Kupferkasten, der auf dem Deckel mit dem Datum des 10. Oktober 1889 beschriftet war. Darin ist unter anderem eine Wachswalze enthalten, auf der eine frühe Tonaufzeichnung der menschlichen Stimme eingraviert ist. Für knapp drei Minuten sprechen Zeitungsreporter über die Naturkatastrophen des Jahres von Kanada und den USA bis nach Japan. Sie parlieren über Baseball. Einer zitiert leicht fehlerhaft, aber dafür mit viel Pathos die erste Strophe von Edgar Allan Poes Gedicht »Der Rabe«. Ein anderer sagt voraus, dass der Austragungsort der nächsten Weltausstellung nicht Chicago, sondern New York sein wird. Kein Jahr später entscheidet sich der US Kongress allerdings für Chicago, worüber man einiges über die Trefferquote der nicht selten in Zeitkapseln enthaltenen Prognosen lernen kann. Da machen die zahlreichen Ende der 60er Jahre noch in der ehemaligen Sowjetunion verscharrten Kisten keinerlei Ausnahme. Darin enthaltene Dokumente gehen fest davon aus, nach einem halben Jahrhundert in einer durchweg kommunistischen Welt gelesen zu werden, die Kosmonauten längst auf Marsmissionen geschickt hat. Der Inhalt einer 1967 in Novosibirsk vergrabenen und 50 Jahre später zum 100. Jahrestag der Russischen Revolution planmäßig geöffneten Zeitkapsel hegte gar die Hoffnung, dass man 2017 bereits mit außerirdischen Zivilisationen über Kultur und Wissenschaft im Austausch stehen wurde.

Um nicht noch mehr Behältnisse mit Münzen, Briefen, alten Zeitungen, allerlei Murks und Falschaussagen für die Nachwelt zu befüllen, bemüht sich die International Time Capsule Society schon seit 1990 um weltweit gültige Richtlinien. Und 1999 nahm sich das Magazin der *New York Times* mit »How to Make a Time Capsule« des Themas umfassend an. Ausdrücklich gewarnt wird hier bereits vor dem Abspeichern von Informationen auf Datenträgern – wer könnte noch eine CD-Rom dechiffrieren? Schwer vorstellbar, dass wir zukünftigen Generationen womöglich weniger Wissen zurücklassen werden als es die vorherigen taten, zumal heute alle Information dieser Welt nur einen Mausklick weit entfernt scheint. Genau darum warnen selbst Pioniere des Internet vor dem »Digital Dark Age«, da es dereinst durchaus unmöglich sein könnte, jedwede elektronisch abgespeicherten Daten zu entschlüsseln. Wen das alles herzlich wenig scherte und wer seit 1974 bis zu seinem Tod im Jahre 1987 in über 600 als TC 1 bis TC 610 beschrifteten Pappkartons hunderttausende Dokumente und Objekte bewahrte – die Buchstaben TC sind ein Kürzel für nichts anderes als Time Capsule –, das war Andy Warhol. Geclippte Zehennägel, Essensreste, Fanbriefe, die Schuhe von Clark Gable, gebrauchte Kondome, Kinderbücher, Gürtelschnallen, Fotos aus Fotoautomaten, Fanbriefe, Pornos, Junk Mail, Bonbonpapierchen, Flyer, Briefpapier, Armbanduhren und ja, auch Campbell's Suppendosen. Warhol hätte sich im Wissen darum sicher gefreut, dass ein anonymer Bieter rund 30 000 Dollar für das Privileg zahlte, 2014 die letzte noch geschlossene Zeitkapsel des Popkünstlers öffnen zu dürfen. Schließlich stammt von ihm das Zitat wonach ein »gutes Geschäft die beste Kunst« sei.

Weniger gut erhalten als der Inhalt von Warhols Kartons war jener der verschlossenen Tonkrüge, die zunächst von Beduinenschäfern 1946 in den Qumranhöhlen der Judäischen Wüste nordwestlich des Toten Meers entdeckt wurden. Diese bewahrten zahlreiche Fragmente hunderter verschiedener Manuskripte auf, darunter frühzeitliche biblische und außerbiblische Schriftzeugnisse, vor allem aus der Zeit um Jesu Geburt. Auch die ältesten erhaltenen bibelnahen Texte aus dem siebten Jahrhundert vor Christus sind uns heute nur deshalb bekannt, weil sie in winzigen Silberrollen aufbewahrt und dergestalt erst 1979 südwestlich der Altstadt von Jerusalem als Totenbeigabe gefunden wurden. Manch historisch bedeutendes Grab kann – einer russischen Matrjoschkapuppe darin nicht unähnlich – als Zeitkapseln umschließende Zeitkapsel gelten. Die Grabkammer des Tutanchamun oder der Ahnenkult der Toraja aus Indonesien enthalten wichtige Schlüssel zum Verständnis spezifischer Epochen unserer Zivilisation. Der Erhalt der biblischen Schriften wiederum ist letztlich auch einer Vorschrift aus dem jüdischen Talmud zu verdanken, die als Genizah-Brauchtum seit weit über 2000 Jahren deren Bewahrung vorschreibt. Ob der wunderbare, von den Architekten Friedrich Kiesler und Armand Barton meisterhaft erbaute Schrein des Buches des Jerusalemer Israelmuseums, der seit 1960 die Schriftrollen von Qumran verwahrt, den Manuskripten jene tausende Jahre Schutz bieten wird, so wie es die Tongefäße in den Wüstenhöhlen vermochten, ist wie jedwedes, das Spekulationen über Zukünftiges beinhaltet, allerdings kaum vorhersehbar – zumal in einer volatilen Welt wie der unsrigen.

John Cage
in Halberstadt

Wer früh morgens von Berlin mit dem Zug nach Halberstadt fahren will, nimmt vom Hauptbahnhof den Intercity nach Norddeich Mole über Potsdam und Brandenburg und steigt in Magdeburg um. Von dort aus geht es weiter mit dem HEX, dem HarzElbeExpress, in dem Flyer mit Fotos von lächelndem Bahnpersonal und »unschlagbar günstigen Preisen« zum Kauf von Bifi Roll für €1,50 und Haribo Gummibärchen für €1 verführen, »direkt am Platz serviert«. Die Reise gestaltet sich über Dodendorf und Oschersleben so ereignislos wie schon zuvor zwischen Berlin und Magdeburg. Wiesen und Felder und mittendrin verstreute Jägersitze, die das Wild voraussetzen wie die Gleise den Zug, die Kondensstreifen am Himmel das Flugzeug, die vielen Windräder in der Landschaft den Wind. »Bitte achten Sie beim Aussteigen auf die Höhe der Bahnsteigkante. Zugtrennung in Halberstadt.« Auf den etwa drei Kilometern vornehmlich trostlosen Fußwegs vom Hauptbahnhof zur Altstadt buhlen Schilder um Aufmerksamkeit für die lokale Würstchenfabrik oder das »Solo Food« Schnellrestaurant, das neben pakistanischer und indischer Küche auch »Döner – Pizza – Pasta – Salat« anbietet. In der Gasse »Hinter dem Richthause« tut sich eine als solche ausgewiesene »Straße der Romantik« auf, die einen von beiden Seiten zunächst mit riesenhafter Hauswandwerbung begrüßt. Links Bitburger Pils und Harz Bowling (»14 Bahnen, Billard, klimatisierte Räume«), rechts springt auf einer Plakatwand im Auftrag der Anzeigenabteilung der Halberstädter Wohnungsgesellschaft ein glücklich dreinblickendes Mädchen vom Sofa. Halberstadt will nicht das Tor zur Welt sein, sondern nur das »Tor zum Harz«. Eine zunächst zerbombte, dann verbaute Fachwerkstadt in Finanznot. Endlich weist ein Schild in alle Himmelsrichtungen: zur Altstadt hin, zum Domplatz und den Museen, zur Touristeninformation, zu den Toiletten und mit Ausrufezeichen in deutscher und englischer Sprache auf »Das längste Musikstück der Welt – 639 Jahre! John Cage Orgel Kunst Projekt Burchardi-Kirche«.

In den Kreisstädten Sachsen-Anhalts öffnen sich wie in den größten Metropolen ab und an kleine Zeitfenster absoluter Ruhe, sehr selten zwar, aber man spürt es sofort. Mit einem Mal kein Ton auf der Straße, kein Hupen, keine Baustelle, kein Hämmern, keine rufenden Menschen und kreisende Helikopter, kein Zirpen, Trällern oder Flugzeuglärm. Völlig unabhängig von der Uhrzeit. Nie mehr als ein paar Sekunden. Tatsächlich stellt sich ein solcher Augenblick kurz vor dem Überqueren der Fußgängerbrücke über die Holtemme ein, dem schmalen Zufluss der Bode nördlich der Altstadt, mitten im satten Ufergrün des »Poetengangs«, ein schmaler Kiesweg entlang des stillen Wassers. Beim

Eintreten durch das alte Klostertor des Burchardi-Konvents ist es um die absolute Ruhe längst wieder geschehen. Von weitem war bereits zu vernehmen, was nun Gestalt annimmt. Unweit eines riesigen alten Kastanienbaums werkelt ein LKW der lokalen Abfallwirtschaft im Innenhof an mannshohen Müllcontainern. Hydraulisches Hieven und Schütten, aus einer anderen Richtung ertönt eine Kreissäge, ein Steinmetz hämmert in der Nachbarschaft. Der Gast wird gebeten, im Herrenhaus zu läuten, die Klingel ist für den Außenstehenden leiser als das darauffolgende Geräusch des elektrischen Türöffners. »Kommen Sie bitte mit«, sagt Angelika Wegener von der John Cage Stiftung, und man folgt ihr gerne auf dem kurzen Weg zur kleinen Kirche, deren alte Holztür sie mit einem großen Schlüssel öffnet. Seit ihrer Säkularisierung zu Beginn des 19. Jahrhunderts war diese Kirche Lazarett, Lagerschuppen, Brauerei, Scheune, Schweinestall und Brennerei. Und nun, wenn alles gut geht, ist sie für die nächsten sechs Jahrhunderte Heimat und Pilgerstätte für eine Komposition des anarchischen amerikanischen Avantgardekomponisten und Künstlers John Cage. Seit 2001 wird in den romanischen Gemäuern der Burchardi-Kirche inmitten eines ehemaligen Zisterzienserklosters sein Orgelstück *Organ2/ASLSP* (oder: *As SLow aS Possible*) aufgeführt. 1987 für die Orgel mit einer nach dem Zufallsprinzip entstandenen Tonabfolge bearbeitet, beträgt die Aufführungsdauer in Halberstadt 639 Jahre. Die Anweisung Cages für *ASLSP* ist identisch mit dem Namen seines Stücks: »So langsam wie möglich« eben. Und wer das leere Langhaus der Kirche betritt, ist seit

2001 unmittelbar vom Vibrieren und Wabern eines allumfassenden Klangs im dauerhaften Akkord umgeben. Über den Tasten der für *ASLSP* angefertigten Orgel hängen Sandsäckchen und halten die Ventile offen, während ein geräuschloser Kompressor die Luft für die Orgelpfeifen ansaugt. Cages *ASLSP* muss dabei nicht ganz für sich alleine die ferne Zukunft der Musik bestreiten. Schon Anfang 1999 fing *Longplayer* zu spielen an, eine zunächst auf 1000 Jahre angelegte, auf computergenerierten Algorithmen und tibetanischen Klangschalen basierende Komposition des Briten Jem Finer, die sich erst ab Ende 2999 vollständig wiederholen soll. Man kann ihr an wechselnden Standorten weltweit sowie via Livestream und App lauschen.

Auch auf der offiziellen Webseite der John Cage Stiftung Halberstadt kann man etwa eine Minute lang dem derzeitigen Klang aus fünf übereinandergelagerten Tönen horchen. Zudem bietet die Stiftung eine besondere Geschenkidee an: »Reservieren Sie sich ein Klangjahr zwischen 2000 und 2640! Für einen Betrag ab 1200 € wird eine Metalltafel mit einem Text Ihrer Wahl in der Burchardi-Kirche angebracht.« Zahlreiche Menschen aus der ganzen Welt haben das bereits getan. Und wie die Katzen sich seit Jahrhunderten um die Cestius-Pyramide des protestantischen Friedhofs zu Rom scharen, um in deren Schatten ungestörte Ruhe und Geborgenheit zu finden, so finden sich bereits beachtlich viele Tafeln, die auf Augenhöhe an einer Stahlleiste um die Orgel herum entlang der Mauer des gesamten Innenraums der Kirche angebracht sind.

Zitate aus dem *Planet der Affen*, 400 Jahre Mondlandung, Liedtexte von Bob Dylan, Jim Morrison, Zeilen aus einem Libretto von Richard Wagner: nichts fehlt. 2149 jährt sich Goethes Geburtstag zum 400. Mal, Metalltafelspender Walter Schiffer zitiert dazu Zeilen aus dem *West-östlichen Divan*: »Wer nicht von dreitausend Jahren / sich weiß Rechenschaft zu geben, / bleib im Dunkeln unerfahren / mag von Tag zu Tage leben.« 2185 feiern sieben Angehörige der Familie von Schmettow den 500. Geburtstag Johann Sebastian Bachs. Ein Jahr darauf erinnert man sich 2186 »an den Beginn der atomaren Katastrophe 1986 in Tschernobyl«. 2376 darf Karl Valentin mit »Die Zukunft war früher auch besser!« brillieren, 2575 gedenkt man »600 Jahre Liebe« und 2583 des 1000. Todestags des Arztes und Botanikers Johann Thal. Für 2638 haben Gisela Schmitz, Heinrich Maas und weitere zwölf Teilnehmer eines Selbsterfahrungsseminars von 2013 den Sinnspruch »hier sich selbst erfahren: gehen, stehen, stille werden, atmen, hören, sehen, fühlen …« eingravieren lassen. 2640 verewigten sich im letzten Jahr der Klanginstallation Margit & Paul eher unbedarft mit der Internetadresse www.as-slow-as-possible.de.

Nach sieben Jahren findet im September 2020 wieder der nächste Klangwechsel statt. Der Klang in der Kirche ist raumgreifend, es ist nicht auszumachen, wo genau er herkommt, ein von allem losgelöstes Gefühl der Schwerelosigkeit stellt sich ein, wenn man die Augen schließt oder den Blick fixiert und sich darauf einlässt. Der Klang stößt sie auf, die Tür zur Ewigkeit. Der Klang, der weiterklingt, auch wenn in der Nacht eine Plexiglashaube über die Orgel gestülpt wird. Nachbarn hatten sich beschwert, sie meinten, jemand sei auf der Hupe seines Autos eingeschlafen. Lauscht man Cage lange genug, verabschiedet man sich von allen Assoziationen. Jene von Kapitän Nemo auf der Nautilus mit seiner Unterwasserorgel, auch jene vom Phantom der Oper, wie es in die Tasten haut, bevor ihm die heißgeliebte Sängerin Christine Daaé die Maske vom Kopf reißt. Und schließlich lässt man gleichfalls die Gedanken an die hypnotisierenden Alarmsirenen fahren, mit der die menschenfressenden Morlocken in der Verfilmung von H. G. Wells' *Zeitmaschine* im Jahr 802701 die Eloi in ihre unterirdischen Höhlenanlagen befehligen. Immerhin hat zu diesem Zeitpunkt Cages Orgel schon über 800 000 Jahre zu spielen aufgehört. »Ich wette, dass die Welt endet, bevor die Komposition zu Ende geht!«, schreibt Richard Clifford H. G. Wells zum Trotze als Kommentar unter ein YouTube Video zum letzten Klangwechsel der Cage Orgel. Richard, will man ihm zu verstehen geben, die Welt endet vorerst sowieso nicht in absehbarer Zeit, eher die Zeit der Menschen auf ihr. Auf dem Heimweg fällt der Blick zurück auf die Mauern der Klosteranlage. Stein auf Stein steht sie bereits über 200 Jahre länger als es für *ASLSP* noch bedarf, nach 639 Jahren auf immer zu verstummen. Nicht nur Cage, sondern auch der Menschheit und damit natürlich vor allem sich selbst wünscht man »viel Glück« fürs gute Gelingen dabei, ein paar Stunden später im HEX, auf der Rückreise nach Berlin Hauptbahnhof.

Aufmerksamkeits-
ökonomie

Steve Jobs' Ansprache vor der Abschlussklasse der Stanford University des Jahrgangs 2005 wurde im Netz viele zehn Millionen Mal angeklickt. Darin erzählt er, wie er nach nur sechs Monaten das Studium am Reed College schmiss, aber noch eineinhalb Jahre länger auf dem Campus in Portland an der US-Westküste abhing. Ohne immatrikuliert zu sein, verdankte er die Teilnahme an einer Klasse über die Kunst der Kalligraphie dem reinen Zufall. So sehr ihn auch das Studium der Serifen und Schrifttypen faszinierte, wusste er doch nicht, was er jemals damit anfangen oder wie er sein neu erworbenes Wissen jemals praktisch anwenden sollte. Erst ein Jahrzehnt später kam es schließlich dazu. Als Jobs Anfang der 80er Jahre den ersten Macintosh entwirft, kommt ihm sein Know-how über Design und Typographie zugute. Gestaltung und Ästhetik aller Produkte von Apple sind seither essentieller Bestandteil des unglaublichen Erfolgs jenes Technologieunternehmens, das im August 2018 an der Börse als erstes Unternehmen überhaupt mit einem Wert von mehr als einer Billionen Dollar notiert wurde.

Was Steve Jobs 2005 von seiner Zeit am Reed College berichtete, hatte Erwin Panofsky genau ein halbes Jahrhundert zuvor formuliert. Mit *Meaning in the Visual Arts* war 1955 ein weiteres Standardwerk des vor den Nationalsozialisten aus Deutschland in die USA geflohenen Kunsthistorikers erschienen. Im Epilog seines Buches schreibt er darüber, wie es eben nicht die Pflichtlektüre eines bestimmten Seminars sei, die das Feuer in uns entfacht, sondern »eine Zeile von Erasmus von Rotterdam, oder Spenser, oder Dante, oder eines obskuren Mythenschreibers aus dem 14. Jahrhundert« – oder eben ein Kalligraphiekurs. »Dort wo wir nichts verloren und nichts zu suchen haben, genau dort finden wir«, schreibt Panofsky.

Der Professor aus Princeton redet hier allerdings nicht der Aufmerksamkeitsökonomie von Social Media das Wort, sondern stattdessen der Möglichkeit von Konzentration und Innehalten fernab des Hamsterrads eines heutigen, von Ablenkungen geprägten Arbeitsalltags. Es gibt zwar kaum eine Unterbrechung durch Kollegen, die aus Höflichkeit nicht mit den Worten »nur kurz« eingeleitet wird oder damit, dass man bloß eine »schnelle Frage« habe – es ist allerdings die Frequenz dieser Anfragen, die kaum mehr einen Fokus erlaubt. »Hast du mal zwei Minuten?« Mit der steten Ablenkung im Netz hat die stete Ablenkung im analogen Arbeitsumfeld gleichgezogen. Beides potenziert sich, weil Social Media, Skype, SMS, E-Mails, WhatsApp und andere Instant Messenger Services, Telefonkonferenzen und Meetings, Anrufe, Eilsendungen, Powerlunches und immer kürzer getaktete Termine unsere globale 24/7 Verfügbarkeit vorauszusetzen scheinen. Fernschreiben, Telegramme und Faxe wurden längst von noch effizienteren und schnelleren Technologien abgelöst. War der Laufschritt einst den Sklaven vorbehalten, so fühlen sich laut einer Studie der Berufskrankenkassen von 2016 mittlerweile neun von zehn Angestellten in Deutschland gehetzt und empfinden Stress am Arbeitsplatz. Dazu gesellt sich nicht selten eine Stimmung sinnentleerter Tätigkeit, das oft unausgefüllte Gefühl am Ende des Tages, tatsächlich gar nichts wirklich hinbekommen zu haben. Weil wieder einmal die Zeit für die vollends ungestörte Zeitspanne fehlte.

In der Freizeit sieht es wenig anders aus, nicht zuletzt, wenn die Trennlinie zwischen Privatsphäre und Beruf kaum noch wahrnehmbar ist. Die Echokammern der Eitelkeiten bauen überall in den sozialen Netzwerken kontinuierlich den Performance- und Leistungsdruck fürs optimierte Egobranding auf. Das Geschäftsmodell der Datensammler von Social Media beruht auf Ablenkung und Zerstreuung durch Entertainment und Spaßfaktor. Kritiker bemühen gerne den Vergleich mit einem Spielautomaten. Die Big Five des Silicon Valley – Facebook, Amazon, Microsoft, Googles Alphabet und Apple – befinden sich beim Buhlen um die Gunst potentieller Kunden im konstanten Aufmerksamkeitswettbewerb. Dabei bedienen die Algorithmen ihrer Serviceleistungen all unsere Wünsche, Schlüsselreize und Instinkte, stets mit dem Versprechen sofortiger Bedürfnisbefriedigung und Genussgratifikation. Viele Pioniere aus dem Silicon Valley sehen die in der Ära des Internet grassierende Zerhackstückelung unserer Zeit mittlerweile als ernstzunehmende Gefahr für unsere Gesellschaft wie für unsere zwischenmenschlichen Beziehungen an. So mahnt Tech-Guru Jaron Lanier die Leser seiner Bestseller nicht nur wegen Datenmissbrauch und Verdummung, wegen Manipulation und Überwachung zum sofortigen Löschen all ihrer Accounts. Der ehemalige Google-Mitarbeiter Tristan Harris, für viele das Gewissen von Silicon Valley, bietet mit dem »Center for Humane Technology« und vor allem mit seiner gemeinnützigen Organisation »Time Well Spent« seit vielen Jahren praktische Tipps dafür an, wie man der Abhängigkeit entkommt und der Krise der Aufmerksamkeit entgegenwirken kann. Ob wir nun Pop-Ups und Push-Benachrichtigungen reduzieren, unser Smartphone auf Schwarz-Weiß stellen oder von den Tech-Giganten das Einhalten eines ethischen Kodex einfordern, mit ihren Bedenken sind Lanier und Harris keineswegs allein. Widerstand formiert sich in den eigenen Reihen. Ob Kinderärzte oder Psychologen: einschlägige Experten weisen auf die Gefahren der Erosion unseres sozialen Zusammenhalts hin. Niemand zweifelt am Suchtfaktor der Volldigitalisierung. Apple-Gründer Steve Jobs und Apple-Chef Tim Cook haben ihren Kindern und Neffen nicht von ungefähr die Zeit für Social Media und damit auch den Umgang mit den eigenen Produkten rigide eingeschränkt. Ausgerechnet im Silicon Valley herrscht für die Folgegeneration mittlerweile weitestgehend flächendeckend ein striktes Smartphone-Verbot.

Erwin Panofskys Erfahrung, dass wir gerade dort finden, wo wir nicht suchen, ist zudem ein Argument für längere Studienzeiten, für die Freiheit der Lehre und auch gegen eine Verschulung etwa der Geisteswissenschaften. Die werden immer wieder wegen ihres vermeintlich fehlenden Nutzens belächelt, stoßen aber in der Wirtschaft neuerdings wieder auf Interesse, nicht zuletzt wenn bei Führungskräften Slow Management, soziale Kompetenzen und Soft Skills gefragt sind. Man vermutet bei den Absolventen humanistischer Denktraditionen ein gesteigertes Empathievermögen, weil sie sich über Jahre durch tausende Seiten Weltliteratur und Philosophie gearbeitet haben. Wer Kants *Kritik der reinen Vernunft* verinnerlicht, die Zerrissenheit von Dostojewskis Protagonisten durchdrungen oder das christlich-allegorische Bildprogramm der Deckenfresken Michelangelos in der Sixtinischen Kapelle erfasst hat, der wurde von Leidenschaft und Passion geleitet. Von was auch sonst? Schließlich hat man sich nicht von den Eltern zuflüstern lassen, mit VWL, BWL oder Jura wenigstens etwas Vernünftiges zu lernen, sondern ist stattdessen bei der Wahl des Studiums bei vollem Bewusstsein das couragierte Wagnis eingegangen, womöglich als Teil des Prekariats zu enden und damit weder in der Lage zu sein, sich selbst, geschweige denn die eigene Familie ernähren zu können. Nur wer liebt, was er tut, schafft Herausragendes. Was wiederum auf dem Arbeitsmarkt als wertschöpfende Kombination aus hohem Anspruch, intrinsischer Motivation, Verantwortungsgefühl und Entscheidungsfreude gehandelt wird. Mag die Erwartung der Wirtschaft an die Geisteswissenschaft auch überzogen oder suspekt anmuten, wer gegen jedwede Widrigkeiten dergestalt langen Atem und Konzentrationsvermögen unter Beweis gestellt hat, der ist zeitlebens zumindest gegen eine allzu kurze Aufmerksamkeitsspanne gefeit.

Was auf den
Tisch kommt

Sätze, die man in der Kindheit hört, werden oft über Jahrzehnte nicht in Zweifel gezogen. Sie wirken als Gesetze in uns fort. Vielleicht war es die Patentante, die uns das Gefühl von Genuss mit einer Rippe Feodora-Schokolade sinnlich erfahrbar machen wollte: »Brich die einzelnen Stücke niemals ab, kau sie nicht. Gute Schokolade lutscht man. Langsam. Ihr Geschmack soll sich in deinem Mund ausbreiten. So lange es irgend geht. Koste jeden Moment aus.« Ein gut gemeinter Rat, den man zu befolgen sich stets bemühte. Um erst nach 20 Jahren für sich selber zu entdecken, dass Genuss genau das Gegenteil bedeutet. Das Unersättliche. Die Völlerei. Genuss, der sich nur genau dann voll entfaltet, wenn man gerade nicht rationiert, was ohnehin immer endlich ist. Wenn man sich stattdessen einen einzigen Augenblick schafft, der einem glaubhaft vorgaukelt, komplett alles immer haben zu können. Für Feodora-Schokolade hieße das, sich mit ihr den Mund vollzustopfen für den einen einzigen Moment reiner Wonne, sich Kakao und Zucker darin ganz und gar ausbreiten zu lassen und eben nicht im genauen Wissen um deren Verlust diesen durch sparsame Dosierung immer wieder hinauszuzögern. Kann man denn wirklich genießen, wenn man nicht im Moment lebt und immer schon vom Ende her denkt? Es scheint in diesem Zusammenhang wichtig festzuhalten, dass es dafür zumindest im kulinarischen Bereich kein richtig und kein falsch gibt. Dazu ist alles stetem Wandel unterlegen. Selbst wenn Martin Luthers Spruch »Warum rülpset und furzet ihr nicht? Hat es euch nicht geschmacket?« eher der Gerüchteküche denn den gastronomischen Gebräuchen des Spätmittelalters entstammt, so wissen wir, dass zur Zeit des Kirchenreformators vorwiegend mit den Händen gegessen wurde. Mit der Gabel in ihrer heutigen Form speisen wir erst seit Mitte des 18. Jahrhunderts. Spucknäpfe fanden sich noch bis zum Anfang des 20. Jahrhunderts in Restaurants. Sicher schon viel länger ausgestorben ist, was Marco Polo in seinen Reiseberichten über Abendgesellschaften Ende des 13. Jahrhunderts in Russland niederschrieb, wo Mägde unter den Tischen mit Schwämmen aufsaugten, wofür man heute gemeinhin auf die Toilette geht.

Tischmanieren ändern sich. Der englische Starkoch Heston Blumenthal eröffnete 2011 im angesagten Londoner 5-Sterne-Hotel Mandarin Oriental am Hyde Park sein Restaurant, das, mit zahlreichen internationalen Preisen ausgezeichnet, zu einem der besten weltweit zählt. Man speist mit Messer und Gabel, die Servietten liegen auf den Knien und WCs gibt es zahlreich – auch wenn alles auf den Tellern von hunderte Jahre alten Kochanleitungen inspiriert wurde. Blumenthal gab seinem Restaurant den schlichten

Namen *Dinner*. Bis zur Mitte des 18. Jahrhunderts, so erklärt er den einfachen Namen, wurde die Hauptmahlzeit noch gegen Mittag eingenommen, zumindest aber solange es noch hell war. Elektrisches Licht und Verstädterung verschoben indes die Essenszeit immer weiter nach hinten, zumal die meisten Arbeiter seit Beginn der industriellen Revolution eine leichte Mahlzeit zu ihrem Arbeitsplatz mitnahmen, um sie mittags zwischen den Schichten zu verspeisen. Das Essen nach Feierabend wurde dadurch zur wichtigsten Mahlzeit des Tages. Blumenthals Hang zur Historie stand nicht nur bei der Namensgebung seines Restaurants Pate, sondern vor allem bei der Speisekarte. Im Menü finden sich Speisen zur Auswahl, deren Rezepte zwischen dem 14. und 19. Jahrhundert aufgeschrieben worden sind. So kann eine typische Dinnerabfolge etwa mit *Frumenty* (ca. 1390) beginnen, bestehend aus gegrilltem Oktopus, Dinkel, geräucherter Meeresbrühe, gebeiztem Lappentang und Liebstöckelkraut. Oder man wählt stattdessen *Meat Fruit* (ca. 1500), ein Durcheinander von Mandarine, Hühnerleberparfait und gegrilltem Brot. Zur Hauptspeise dann *Roast Turbot & Green Sauce* (ca. 1440), gebratener Steinbutt mit geschmortem Chicorée, Petersilie, Pfeffer, Zwiebeln und Eukalyptus. Wenn nicht sogar *Roast Marrowbone* (ca. 1720), einen gerösteten Markknochen mit gebeiztem Gemüse, Schnecken, Piccalili, Muskat und Walisischem Pfannkuchen. Zum Nachtisch sollte man sich nicht die pikanten Eiskrems nach einer Rezeptur aus dem späten 19. Jahrhundert entgehen lassen.

Als Pionier der Molekularküche hatte Blumenthal bereits

Mitte der 90er Jahre einen über vier Jahrhunderte alten Pub ein paar Dutzend Kilometer westlich von London zu einem Zentrum weltweiter Spitzengastronomie gemacht. Dann entdeckte er seine Leidenschaft für historische Kulinarik, die im Spätmittelalter größtenteils noch als Teilgebiet der Medizin galt. Er begann, Kochbücher über die Jahrhunderte hinweg zu sammeln und forschte gemeinsam mit auf Speisen und Ernährung spezialisierten Geschichtswissenschaftlern nach Inspirationen für seine Küche.

Auch in Familien erhalten sich Rezepte oftmals über viele Generationen hinweg. Ein Gugelhupf wird heute von Millenials freudvoll nach der ursprünglichen Backanleitung der Ururgroßmutter gebacken. Und was für die engste Verwandtschaft gilt, das gilt im Großen auch fürs Nationalgericht, etwa für die heute in ganz Spanien wertgeschätzte Paella. Das Reisgericht hat seine ursprüngliche Heimat in Valencia, wo sie seit dem 16. Jahrhundert in Pfannen so groß wie ein Wagenrad zubereitet wird. Alexander der Große brachte einst im vierten Jahrhundert vor Christus die Getreideart von Indien mit nach Europa, in Spanien wird diese seit der Besetzung durch die Mauren vor 1200 Jahren angebaut. Ist Reis in Europa vergleichsweise lange vertraut, so erreichten uns Kakaobohnen, Kartoffeln und Mais aus Übersee erst mehr als ein Jahrtausend nach den Feldzügen Alexanders, als Beifang grausamer Eroberungskriege und der Kolonialisierung in Mittel- und Südamerika.

Gelten viele Pflanzen, Gemüse und Getreide aus fernen Ländern samt den daraus zubereiteten Speisen seit langem als heimisch, so wird das »Tausendjährige Ei« aus der traditionellen chinesischen Küche womöglich nie dazu gehören. Im Englischen heißt es zudem lediglich »Century Egg«, also Jahrhundert-Ei. Dessen Zubereitung nimmt tatsächlich wiederum nur einige Wochen und nie mehr als ein paar Monate in Anspruch. Während dieser Zeit wird die Delikatesse in ein Gemisch aus Ton, Asche, Salz, Kalk, Reishülsen sowie anderen Pflanzen und Kräutern eingelegt, die das Eigelb grün verfärben und hart werden lassen. Es ist wohl vornehmlich der übelriechende Ammoniak, der die Spezialität aus Asien in Europa noch nicht zur Gaumenfreude hat werden lassen. Wobei wir einen ähnlich beißenden Fäulnis- und Ausscheidungsgeruch auch aus der Käsezubereitung kennen. In jedem Wärmeraum, wo der Käse vor dem Einlagern ruht, breitet er sich aus. Der Duft erstreckt sich über den gesamten Kontinent vom »chambre chaude« für die französische Blauschimmelspezialität *Bleu d'Auvergne* zur »camera calda« toskanischer Käsehersteller im Val d'Orcia. Hier wachsen Klee, Absinth und wilder Fenchel auf den Weiden und ernähren sardinische Schafe, aus deren Milch der berühmte *Pecorino di Pienza* kredenzt wird. Und selbst wenn wir Pienza als Kleinstadt nur von der Käsetheke her kennen, so schadet es nicht zu wissen, dass ebendort bereits seit Jahrtausenden Milchprodukte hergestellt werden, deren Überreste man in prähistorischen Töpfen aus Terrakotta ausmachen konnte. Überdies verweisen Fettsäurerückstände auf Tonscherben auf Käseherstellung im Mittelmeerraum schon vor 7700 Jahren. Und in Ägypten fand man erst Mitte 2018 im Grabmal des Pthames unweit von Kairo den mit über 3000 Jahren ältesten vollständig erhaltenen Käse der Menschheit.

Und was machen wir mit all dem geballten Wissen allein zu Hause in der heimischen Küche? Vielleicht lassen wir uns ein bisschen mehr Achtsamkeit angedeihen, wenn es darum geht, was wir verspeisen – gleich ob wir es für den ultimativen Genuss hinunterschlingen oder minutenlang auf einer einzigen Erbse herumkauen. Vielleicht halten wir uns ab und an einmal mehr von Tiefgekühltem und Abgepacktem fern. Und vielleicht kochen wir einfach mal hin und wieder? Das Zubereiten von Speisen nimmt in etwa so viel Zeit in Anspruch wie das ganze Drumherum. Tisch decken und abdecken, spülen und die Spülmaschine einräumen, abtrocknen, die Küche wischen und die Ablagen säubern. In Partnerschaften mit genau definierter Aufgabenverteilung ist das Kochen allemal die erfüllendere Tätigkeit. Oder man macht, noch besser, gleich alles zusammen. Gemeinsame Zeit, das ist in Heston Blumenthals Muttersprache schließlich nichts anderes als harmonisch miteinander verbrachte *quality time*.

Millennium-
Probleme

Irgendwann in der Schule war es vielleicht einmal der Latein- oder der Mathematiklehrer, der vom Pfeil des Zenon erzählte und damit seine Schüler zwischen Caesars *De Bello Gallico* oder Trigonometrie und Wurzelberechnungen aufhorchen ließ. So sehr sogar, dass diese auf dem Pausenhof und nächtens mit Freunden auf Parkbänken darüber weiter diskutierten. Ohne Ergebnis, versteht sich: handelt es sich doch um ein Paradoxon, dessen Faszination darin liegt, dass es unlösbar scheint. Der griechische Philosoph Zenon von Elea behauptete, dass ein Pfeil auf seiner Flugbahn unendlich viele Momente des Stillstands durchläuft, daher eigentlich bewegungslos sein müsste und genau deshalb an seinem Ziel gar nicht ankommen dürfe. Der fliegende Pfeil nimmt wie jeder Körper im Raum stets einen genau bestimmten Ort ein, wo er sich definierbar befinden muss. Ebenso wie die Maßeinheit lässt sich die Zeit, die der Pfeil von A nach B braucht, in immer kleinere und kleinere Einheiten aufteilen, die ihrerseits unendlich sind. Dennoch steckt der Pfeil in der Zielscheibe, unmittelbar nachdem er sich von der Bogensehne gelöst hat. So und nicht anders funktioniert schließlich die Welt. Und doch bot sich durch Zenon die Möglichkeit des Aushebelns eben dieser Welt an. Zumindest in Gedanken. Der Philosoph stieß die Tür zu Parallelwelten auf, die fernab von Ursache und Wirkung alles in Frage stellten, was wir gemeinhin für gegeben und unabänderlich hielten.

Neben jahrtausendealten Paradoxa, die für die Wissenschaften eher Gedankenspiele darstellen, arbeitet sich die Mathematik seit sehr langer Zeit an einer Reihe ungelöster Probleme ab, die David Hilbert seinen Kollegen erstmals im Jahr 1900 auf dem Pariser »Congrès International des mathématiciens« vorstellte. Von Methoden der Variationsrechnung und Spezifika nichttrivialer Nullstellen zum Charakter von Metriken mit Geodäten und Fragen der Axiomatisierung der Physik bleiben viele der 23 damals präsentierten Probleme bis heute ungelöst. Hilbert und seine Kollegen hatten zudem begonnen, die zwei Jahrtausende alten Glaubenssätze ihres Fachs, stammten sie auch von Archimedes oder Euklid, nicht mehr als gegeben anzunehmen und entsprechend zu hinterfragen. Genau ein Jahrhundert nach dem Pariser Kongress versprach das Clay Mathematics Institute im Jahr 2000 demjenigen ein Preisgeld von einer Millionen Dollar, der eines von nunmehr sieben aufgelisteten Problemen lösen könne. Die gemeinnützige Stiftung eines wohlhabenden Ehepaares ist neben der großzügigen Förderung von Mathematikern weltweit vor allem durch die Auslobung dieses Preises für die Lösung der sogenannten Millennium-Probleme bekannt. Natürlich gibt es darüber hinaus in der Mathematik von der Zahlentheorie und Algebra bis hin zur Geometrie und Kombinatorik dutzende ungelöste Probleme, an denen sich die klügsten Köpfe bereits seit Jahrhunderten abarbeiten. So konnte Fermats Satz, den Pierre de Fermat im 17. Jahrhundert über Potenzen natürlicher und unnatürlicher Zahlen formulierte, erst 350 Jahre später durch die beiden britischen Wissenschaftler Andrew Wiles und Richard Taylor bewiesen werden. 1611 stellte der deutsche Philosoph und Theologe Johannes Kepler Überlegungen über die Beschaffenheit sechseckiger Schneeflocken an, die noch 1900 zu Hilberts ungelösten Problemen zählten. Teile der Keplerschen Vermutung über die Dichte und Verteilung von Kugeln wurden im 19. und 20. Jahrhunderts durch deutsche und ungarische Mathematiker bestätigt. Im Jahr 2014 gelang es dem Amerikaner Thomas Hales, nach über 20 Jahren Arbeit an Keplers Hypothesen den formalen Beweis ihrer Richtigkeit zu erbringen, womit ein über 400 Jahre altes Problem der Mathematik endgültig als gelöst galt.

Zu den sieben Millennium-Problemen des Clay Instituts gehört wiederum auch jene 1859 durch Bernhard Riemann, einem Spezialisten für die Geometrie gekrümmter Flächen, publizierte Vermutung über den Zusammenhang von Primzahlen und Nullstellen in der analytischen Zahlentheorie sowie weitere bislang ebenfalls nicht verifizierte mathematische Hypothesen. Tatsächlich wurde schon 2002 und damit nur zwei Jahre nach Auslobung des hochdotierten Preises bereits eines der Millennium-Probleme gelöst, als Grigori Jakowlewitsch Perelman auf insgesamt 39 Seiten seinen ersten Beweis zur sogenannten Poincaré-Vermutung von 1904 auf einem allgemein zugänglichen Open-Access-Server hochlud. Darin konnte er Poincarés Überlegungen zu Formen dreidimensionaler Räume wissenschaftlich bestätigen. Perelman, der nicht mit den Medien spricht und gemeinsam mit seiner Mutter zurückgezogen in einer kleinen Hochhauswohnung am Rande von Sankt Petersburg wohnt, lehnte das Eine-Million-Dollar-Preisgeld der Clay Stiftung allerdings ab. Genauso wies er 2006 die Fields Medaille für herausragende Entdeckungen zurück, die als höchste internationale Auszeichnung dieses Fachs immerhin als Nobelpreis der Mathematik gehandelt wird.

Der 1966 geborene Perelman ist Opernliebhaber, Pilzesammler und leidenschaftlicher Spaziergänger. Von Rummel und Rampenlicht hält er sich bewusst fern. Jedweder Preis bedeutet ihm nichts, aus Geld und Anerkennung macht er sich ebenso wenig. Die Korrektheit seines Beweises war ihm der einzige Maßstab seiner Arbeit sowie die einzige Bestätigung, die ihm etwas bedeutete, wie er in einer seiner seltenen Äußerungen dazu einmal erklärte. Perelmans ehemaliger Doktorvater Juri Burago vom Petersburger Steklow-Institut erinnerte sich, wie besonders sein ehemaliger Schüler schon am mathematischen Institut gewesen sei: »Er dachte stets sehr tief. Seine Antworten waren immer korrekt. Er hat alles immer sehr, sehr sorgfältig geprüft. Er war nicht schnell. Schnelligkeit bedeutet nichts. In der Mathematik kommt nichts auf Schnelligkeit an. Sondern alles allein auf die Tiefe.« Preise anzunehmen kann zumal unter Wissenschaftlern durchaus als Schwäche begriffen werden, eine Ablehnung dient indes der geistigen Hygiene. Der finanzielle Anreiz ist dann gering, wenn die eigentliche Arbeit fernab der Möglichkeit jeglicher Ökonomisierung stattfindet. Die meisten mathematischen Errungenschaften basieren auf der jahrzehntelangen Beschäftigung mit Problemen, deren Lösung keineswegs gewiss ist. Man weiß einfach nicht, wie und ob etwas gelingt. Die reine Auftragsforschung hat daher kaum bahnbrechende Innovationen, stattdessen aber jede Menge dubioser Studien und Gefälligkeitsgutachten hervorgebracht.

Berühmte Mathematiker standen stets außerhalb wirtschaftlicher und gesellschaftlicher Zwänge oder machten sich frei davon, um möglichst frei denken zu können. Sie waren vornehmlich Aristokraten und Mönche mit der Zeit für Muße, später kamen die Professoren hinzu. Die Ursprünge der statistischen Methodenlehre sowie die Wahrscheinlichkeitsrechnung liegen in den Kalkulationen Adeliger über Gewinnchancen beim Glücksspiel. Eine frühe Version des Atommodells ist ein Nebenprodukt des Versuchs, Kanonenkugeln optimal auf Kriegsschiffen unterzubringen. Für Andrew Wiles, der Fermats Vermutung bewies, ist die Bedeutung der Intuition in der Wissenschaft ebenso wichtig wie in der Kunst. Wiles fühlt sich ohnehin den Künstlern nahe, er stellt einen mathematischen Beweis neben eine Komposition von Johann Sebastian Bach. Musik und Mathematik sind für ihn auch durch das Prinzip der Langsamkeit miteinander verbunden. Der leidenschaftliche Geigenspieler Albert Einstein wiederum mag wie Henri Poincaré die Absolutierung von Raum und Zeit seit Newton pulverisiert haben. Die Zeit ungestörter Kontemplation, der es hierfür bedurfte, hat er sich als Patentanwalt in Bern allerdings nicht nehmen lassen.

Verfallsdaten

Der älteste Mensch der Welt starb 1997 in Arles. Jeanne Calment wurde 122 Jahre alt und soll bis zu einem Kilogramm Schokolade pro Woche verspeist haben. Mehr als ein halbes Jahrhundert vor ihr erblickte bereits die Schildkröte Jonathan auf den Seychellen das Licht der Welt und ernährt sich bis heute vorwiegend von Weidegras und Zweigen, wobei man ihr seit 2014 auch Äpfel, Bananen, Karotten und Guaven zufüttert. Jonathan gilt vielen als das älteste Lebewesen auf dem Festland, was er seiner Familienzugehörigkeit verdankt, traut man der Gattung der Aldabra-Riesenschildkröte doch durchaus bis zu 250 Jahre auf Erden zu. Im Wasser liegt die Lebenserwartung mancher Wirbeltierarten noch um einiges höher. Irgendwo in die Zeit zwischen Luther, der Entdeckung Amerikas, Shakespeare und Galileo Galilei fällt das Geburtsjahr eines Grönlandhais, dessen Alter Wissenschaftler 2016 auf bis zu über ein halbes Jahrtausend datieren konnten.

All diese Zahlen verblassen im Hinblick auf andere Organismen und Lebewesen, mit denen wir uns seit hunderttausenden Jahren den Planeten teilen. Sie waren lange vor uns da, sehr viele von ihnen werden mit größter Wahrscheinlichkeit noch lange nach uns hier sein. Für ihr Buch *The Oldest Living Things in the World* hat Rachel Sussman zehn Jahre lang die Erde bereist und zahlreiche jener Organismen fotografiert, die 2000 Jahre oder älter sind. Sussmans Kamera reichte zwar nicht bis zum Grund sibirischer Eisdecken hinab, wo sich erstaunlich widerstandsfähige Actinobakterien im Alter von 400 000 bis 600 000 Jahren finden und als älteste Lebewesen auf Erden gelten. Stattdessen lichtete sie Moose auf Elephant Island in der Antarktis ab, die bereits wuchsen, als man in Mesopotamien gerade das Rad erfand. Sie berührte einen 13 000 Jahre alten Eukalyptusbaum in New South Wales und einen knarzigen Olivenbaum auf Kreta, der etwa zur gleichen Zeit zu wachsen begann wie die außerordentlich selten gewordenen 3000-jährigen Stromatolithen, denen Sussman an der australischen Westküste einen Besuch abstattete und die in 30 Jahren etwa einen Zentimeter wachsen. Forscher vermuten, dass die zu Urzeiten überall verbreiteten Sedimentgesteine vor mehr als drei Milliarden Jahren durch den Prozess der Photosynthese die Atmosphäre unseres Planeten mit Sauerstoff anreicherten und diesen dadurch überhaupt erst bewohnbar gemacht haben. Die Stromatolithen sterben nun aus, so wie derzeit auch das gigantische Wurzelgeflecht akut gefährdet ist, das seit 80 000 Jahren etwa 47 000 genetisch identische amerikanische Zitterpappeln im US-Staat Utah als einen einzigen riesenhaften Organismus zusammenhält.

Vieles von dem, was der Mensch in den vergangenen

Jahrhunderten nicht ausgerottet hat, ist weiterhin vom Aussterben bedroht. Um eine endgültige, irreversible Auslöschung zu verhindern, wurden 2008 tief in einem Berg auf Spitzbergen, im Eismeer zwischen Norwegen und dem Nordpol, inmitten arktischen Permafrosts drei riesige Räume gesprengt, die bis zu 4,5 Millionen Samenproben aus aller Welt beherbergen sollen. Das *Svaldbard Global Seed Vault* fungiert als Schutzraum der pflanzlichen Artenvielfalt unseres Planeten in bewusst unwirtlicher Gegend. Er soll Atomkriege und andere globale Unwägbarkeiten überstehen, um als Gedächtnis und Speicher bewahren zu helfen, was wir unwiederbringlich zu zerstören begonnen haben. Nur der Eingang des Pflanzentresors ist von außen sichtbar, ein Keil aus Beton, mitten hinein in den Berg getrieben. *Perpetual Repercussion* oder *Ewiger Widerhall* hat die norwegische Künstlerin Dyveke Sanne ihre Reliefskulptur über dem Portal genannt, das in den Bunker hineinführt. Wie Spiegel und Prismen reflektieren zahlreiche Dreiecke aus Edelstahl das Licht in alle Himmelsrichtungen. Während der mehrmonatigen Polarnacht zwischen Oktober und November strahlen von dort Leuchtdioden aus Glasfaser schummriges grünes Licht aus, das den Nordlichtern ähnelt. Der Erhalt der Vielfalt sei eine Verpflichtung für die Zukunft, so die Künstlerin bei der Einweihung. Nur macht der Einfluss des Menschen eben nirgendwo halt, auch nicht weit nördlich des Polarkreises. So musste 2018 die norwegische Regierung über zehn Millionen Euro zur Erneuerung des Areals aufwenden, da wegen der globalen Erwärmung

Tauwasser ins Innere des *Global Seed Vault* gedrungen war.

Menschen tun sich alles andere als leicht damit, Dinge dauerhaft sicher aufzubewahren. Deutlich wird das nicht nur beim Versuch des Erhalts für unsere Spezies überlebenswichtiger Nutzpflanzen, sondern vor allem bei den enormen Problemen der sicheren Endlagerung von Atommüll. Radioaktive Abfälle bleiben über 10 000 Jahre und länger eine akute Gefahr für den Menschen. Zum Vergleich: Die Pyramiden selber sind noch keine 5000 Jahre alt und bergen Geheimnisse, die wir vielleicht nie mehr verstehen werden. Wie also schützen wir Folgegenerationen vor den Verheerungen von Uranium und Plutonium, wie warnen wir sie vor Verstrahlung, wenn sie weder unsere heutige Zivilisation kennen noch unsere Sprache sprechen werden? Eine internationale Expertenkommission zerbricht sich darüber schon seit 1981 mit nur mäßigem Erfolg den Kopf. Mit der derzeit verwendeten Kombination aus Bildern von Totenschädeln, fliehenden Menschen und dem entsetzt dreinblickenden Gesicht aus Edvard Munchs Gemälde *Der Schrei* von 1893 ist einer Gefahr über Jahrtausende hinweg jedoch kaum beizukommen. Eine Gefahr zumal, die man weder sehen, noch riechen, noch schmecken kann. Die Idee des Maskottchens »Nickey Nuke« wurde zügig wieder verworfen. Ähnlich Disneyland sollte der Cartooncharakter für einen auf Atommülllagern erbauten Vergnügungspark Pate stehen, der durch endlosen Spaß für die ganze Familie ebenso endlos vor den Gefahren der Radioaktivität warnen sollte. Szenarien wie diese zeigen, wie unmöglich es für uns ist, die Zukunft zu antizipieren und wie unbeholfen der Mensch dabei agiert, erst recht wenn es darum geht, selbst geschaffene Probleme zu lösen. Das Symbol für Radioaktivität mögen wir heute zwar fürchten, aber schon jetzt haben Ökostromhersteller begonnen, ihr Produkt eben damit zu bewerben, dass sie sich das Strahlenwarnzeichen einfach in ein Windrad verwandeln lassen. *Danger Poisonous Radioactive Waste Buried Here. Do Not Dig or Drill Here before A.D. 12 000!* Es ist zumindest fraglich, ob diese Warnung in sieben Sprachen gemeinsam mit der für das Jahr 2133 vorgesehenen Errichtung riesenhafter Monolithe ausreichen wird, um jedweden Eindringling vor dem Atommüll der »Waste Isolation Pilot Plant« im US-amerikanischen Staat New Mexico fernzuhalten.

»Vergänglichkeit wohnt in allem. Buchstäblich allem«, hat Daniel Kehlmann geschrieben. »Inzwischen meinen die Physiker, dass in unvorstellbar ferner Zeit sogar die Protonen zerfallen. Dann kann es keine Atome mehr geben, dann könnte nichts, buchstäblich: nichts mehr bestehen. Das Universum selbst ist sterblich. Nicht nur das Leben, auch die harte Materie hat ein Ablaufdatum.« Ein Trost? Wohl kaum. Eher im Gegenteil. Dass alles letztlich ein Ende hat, sollte uns nicht aus der Verantwortung entlassen, dafür Sorge zu tragen, dass auch unseren Nachkommen eine erträgliche Zeit auf Erden zusteht.

Muße und Müßiggang

»Wie wird es sein, wenn wir mit der Schnelligkeit des Blitzes Nachrichten über die ganze Erde werden verbreiten können, wenn wir selber mit großer Geschwindigkeit und in kurzer Zeit an die verschiedensten Stellen der Erde werden gelangen können?« Diese Frage wird ausgerechnet in Adalbert Stifters *Nachsommer* aus dem Jahr 1857 gestellt, ein derart langsam dahinfließender Roman, dass Friedrich Hebbel jedem Leser die »Krone von Polen versprechen« wollte, der die dreibändige Lektüre tatsächlich bewältigte. Stifters Bildungsroman steht gleichwohl in der deutschen Literatur hoch im Kurs: von Nietzsche über Hofmannsthal wird er bis in die heutige Zeit außerordentlich geschätzt – auch weil Stifters junger Mann, um den es in seinem *Nachsommer* vornehmlich geht, die eingangs gestellte Frage mit Muße und Andacht, mit ausgedehntem Wandern und beständigem Einkehren aushebelt, in dem er durch vollendete Entschleunigung ein Gegenbild zur Schnelllebigkeit entwirft, die der Erzähler detailversessen seziert. Der kontemplativen Natursehnsucht wohnt indes eine gewisse Dringlichkeit inne. Das Zurück zur Ursprünglichkeit und der Appell an die Langsamkeit stehen in bewusstem Kontrast zu einer Zeit, die mit immer mehr Ablenkung und Aufmerksamkeitsheischerei aufwartet, einer Zeit, die die Gabe der Konzentration in Zerstreuung aufzulösen droht. Schon Goethe war die Gedankenverwirrung zuwider, die allein vom Zeitungswesen ausging, der kaum zu bewältigende Fluss an Informationen, der sich tagtäglich aus den gedruckten Seiten der morgens an seiner Türschwelle abgelegten Gazetten, Journale und Postillen ergoss. Dem galt es bereits damals entgegenzuwirken, sei es zu Hause oder beim Flanieren auf den Straßen. In den Pariser Einkaufspassagen, etwa zur Zeit von Stifters *Nachsommer*, so weiß es Walter Benjamin, »war es elegant, beim Promenieren eine Schildkröte mit sich zu führen.« Auch Stifters junger Held nimmt sich alle Zeit beim Durchqueren und Beobachten von Hügellandschaften und Gebirgszügen, oft ist er monatelang darin unterwegs.

Gegen die kapitalistische Ausprägung der industriellen Revolution positionierte sich das *Kommunistische Manifest*, so wie sich die Wanderlust seit der Romantik deren beschleunigter Taktung entgegenstemmte. Galten Berge etwa noch im 18. Jahrhundert als unwirtliche »Warzen der Erde«, so entdeckte man nun etwa die Alpenlandschaft als, zudem mit der Eisenbahn zügig zu erreichendes, Rückzugsgebiet fernab der Fabrikschlote und anderer Schattenseiten der Urbanisierung. Hier ging es nicht nur um Eskapismus und Stadtflucht, vielmehr um die Möglichkeit der Selbsterkenntnis und geistigen Versenkung in einer mit einem Mal allzu beschleunigten Welt. Zurück zur Natur!

Hatte das nicht schon Jean-Jacques Rousseau gefordert? »Der Mensch ist frei geboren und liegt doch überall in Ketten«, gab der französische Schriftsteller und Philosoph seinen Lesern als aufklärerische Mahnung mit auf den Weg. Ketten, die man zum Wandern natürlich abstreifte. Und da kam es ebenso gelegen, dass Rousseaus Vorstellung des »Edlen Wilden« als ein mit der Natur in Einklang lebender, von Grund auf guter Mensch, sich im vorindustriellen Ambiente alpiner Almwirtschaft widerzuspiegeln schien.

Dazu gesellte sich in der Begeisterung für die Parallelwelt auf dem Land mit der Figur der Sennerin eine Phantasie unschuldiger Erotik. »Dort ist alles erlaubt«, weiß schon das *Wörterbuch der Gemeinplätze*, Gustav Flauberts Notizen der Belanglosigkeiten gesellschaftlicher Konversation seiner Zeit. Landschaft und Wald regen als Ort der Inspiration nun einmal zum Träumen an, vermerkt er ebenso spitzfindig darin. Das Verlangen nach der Ruhe des Großstädters wird im Moment seiner Entstehung bereits ironisch gebrochen. Welche wirklichen Lehren aber können wir aus der Wanderlust als steter Begleiterin fortschreitender Industrialisierung in unserer postindustriellen Zeit ziehen, wenn demnächst zwei Drittel der Weltbevölkerung in Großstädten und Megacitys von weit über zehn Millionen Einwohner leben werden? Schon jetzt wohnen in den chinesischen Ballungsgebieten Chengdu, Chongqing, Wuhan und Tianjin zusammen mehr Menschen als in der Bundesrepublik Deutschland. Google Maps, Datenbrillen, Smartphones, Geolokalisierung sowie Gesichtserkennung kontrollieren und konditionieren im urbanen Umfeld unsere Bewegungsabläufe. Der öffentliche Raum wird degradiert zu einer von Algorithmen wie Kaufverhalten definierten Distanz zwischen A und B, die es utilitaristisch optimiert wie kürzestmöglich zu durchmessen gilt. Jeder Schritt ist im Eigeninteresse durchökonomisiert, vom effizienten Zeitmanagement zu Tipps für den Konsumenten entlang des Wegs.

Was dabei auf der Strecke bleibt, ist der Müßiggang, die Bummelei. Das Schlendern des Flaneurs ist in Verruf geraten, eben weil es sich nicht bemessen und verwerten lässt. Der Flaneur auf den Straßen der Städte, so umschrieb ihn einst Charles Baudelaire, bedarf dem Menschengedränge, »die Menge ist sein Element wie die Luft für Vögel und das Wasser für Fische«. Mit dem jungen Wanderer in der Natur aus Franz Schuberts *Winterreise* oder Stifters *Nachsommer* eint den modernen Spaziergänger der Großstadt zweierlei: die Anonymität und die Ziellosigkeit. Ungeplantes Zulassen, Schlendern nach dem Zufallsprinzip, Umwege gehen, sich auf Unvorhersehbares einlassen. Das willkürliche und wahllose Umherstreifen erhob Guy Debord Mitte des vergangenen Jahrhunderts mit seinem Konzept des *dérive* zum Prinzip. Chaos schafft Innovation, und wenn man beides zulässt, haben Unübersichtlichkeit und Kontrollverlust nichts Beunruhigendes mehr, argumentiert wenig später der amerikanische Soziologe Richard Sennett in *The Uses of Disorder: Personal Identity and City Life.* Und was bedeutet das konkret für den Flaneur im 21. Jahrhundert? Zunächst einmal der Versuchung zu widerstehen, sich die – wenn auch sicher gut gemeinte – *Dérive App* für »urban exploration« aufs Smartphone zu laden, und stattdessen wirklich das Analoge zuzulassen. Es bedarf keiner Software, um sich in der Stadt zu verlieren. Einfach einem roten Auto folgen und dann einem blauen, per Münzwurf entscheiden, ob man nun nach links oder nach rechts weitergeht, eine andere Himmelsrichtung nach 1000 Schritten oder alle zehn Minuten wahllos einschlagen, fünf fremde Menschen darum bitten, den Weg nach Irgendwo zu weisen und bei geschlossenen Augen auf der U-Bahn Karte mit dem Finger auf die Station zeigen, von wo aus die Reise losgehen soll. Es bedarf keinerlei Grundkenntnisse in Promenadologie und Spaziergangswissenschaft oder Nordic Walking Sticks. Für eine Landpartie oder fürs Abenteuer in der Stadt direkt vor der Haustür müssen keine besonderen Vorbereitungen getroffen werden. »Wandern ist die Rückkehr zum menschlichen Maß, das Maß des Schrittes, und zum natürlichen Zeitgeber, dem Licht der Sonne«, weiß der Nachhaltigkeitsexperte Ulrich Grober. Einzig vorausgesetzt, man nimmt sich eben die Zeit dafür. Freizeit ist Auszeit ist die vollends freie Verwendung von Zeit. Nicht als Ausgleich und nicht als Kontrastprogramm, um danach wieder umso besser funktionieren zu können. Wirklich mutig sind die Planlosen.

Geduld

Michael Ruetz erscheint zwar nicht unmerklich, aber doch nur ein klein wenig zu spät zu unserem Treffen im Berliner Café am Steinplatz. Es ist ein Frühlingssamstag im Mai. Hier in Charlottenburg ist er 1940 geboren und aufgewachsen. Seine Wohnung liegt keinen Steinwurf vom Café entfernt. Bevor man einander Zeit schenkt, sich dem Gegenüber zugewandt aufmerksam austauscht, kann man die Wartezeit, so man als Erster am verabredeten Ort ankommt, auch als geschenkte Zeit betrachten. Allemal ist es beruhigender, um sich zu schauen, als um sich greifende Anspannung zuzulassen. So ist man dem Freund eher dankbar als ungehalten, wann immer dieser auch eintrifft. Ohnehin werden es meist nie mehr als wenige Minuten sein.

Mit Ruetz verabredet man sich am besten auf dem Postweg. E-Mail hat er nicht und Telefonieren ist nicht seine Sache. Noch bevor ihn die Bedienung fragen kann, was er zu trinken wünsche – eine Apfelsaftschorle –, bedauert er, als sie ihn als langjährigen Stammgast erkennt, länger nicht da gewesen zu sein: »Meine Frau und ich haben ja gar keine Zeit mehr«. Dann wendet sich Ruetz wieder höflich seinem Gegenüber zu und zeigt mit dem Finger auf ein Gebäude in der Nähe. »Hier nebenan war einmal ein Hotel, das erste vor Ort, da traf sich Gottfried Benn immer mit einer von seinen Damen. Dann verfiel es, dann war es eine Ruine, dann kam ein Investor, dann wurde es kernsaniert und jetzt ist alles viel zu Chichi.« Der Wandel beschäftigt Ruetz als Autor und als Fotograf. Zeit ist das zentrale Thema all seiner Werke und Arbeiten. »Ich brauche, um etwas zum Bild oder zum Zyklus zu machen, Jahre und Jahrzehnte.« Der Fotograf als Chronist von Natur- und Stadtlandschaften, von Gesichtern und Monumenten, deren Verwandlung er nicht aufhalten oder beeinflussen, sondern nur dokumentieren kann. »Zeit ist ein anderer Name für Gott. Sie sind beide allmächtig.«

Sucht man in der Kunstgeschichte nach Seelenverwandten, dann wird man bei den 36 Ansichten des Berges Fuji fündig, mit denen Hiroshige, der japanische Meister des Farbholzschnitts, auch den Impressionisten Claude Monet inspirierte, der Ende des 19. Jahrhunderts 30 Ansichten der Kathedrale von Rouen malte sowie zahlreiche Variationen von Heuhaufen. Beiden ging es dabei um die Nuancen der Veränderung, der *effets*, mit denen die Natur unsere Wahrnehmung im Tages- und Jahresverlauf prägt. Für *Die absolute Landschaft* hat Ruetz von 1989 bis 2012 knapp 3000 Fotos des immer gleichen Ausschnitts eines weiten Tals im Chiemgau gemacht. Keine Aufnahme, die je der anderen ähnelte. Dieselben verstreuten alten Bauernhäuser unweit der Ratzinger Höhe bei Rimsting. Blitze und Schnee, das Sattgrün des Sommers, unwirkliche Mondlandschaften, bedrohliche Wolkenformationen und dann wieder nichts als das tiefe Blau des Himmels. Die Berge mal weiß und mal schwarz, mal grau und wie aus Silber. »Na, dafür müssen Sie ja viel in der Welt herumgereist sein.« Amüsiert erzählt Ruetz von dem Ausspruch eines Besuchers, der ihn im Berliner Museum für Fotografie ansprach, das 2014 Dutzende seiner großen Querformate aus *Die absolute Landschaft* ausstellte. Und es stimmt, wer vor den Fotografien nicht verweilt, der erkennt kaum, dass die serielle Bilderfolge stets dieselbe Voralpengegend zeigt. Erst beim Innehalten wird man gewahr, dass wir in der Ansicht der Natur auch unsere eigenen Seelenlandschaften gespiegelt finden. Derselbe Mensch und doch tost und stürmt es gewaltig, ist es wüst und dunkel und dann wieder eitel Sonnenschein und strahlende Momente reich an Glück. »I am large, I contain multitudes«, schrieb der von Ruetz verehrte Walt Whitman 1855 in seinem *Song of Myself*. Ruetz' Arbeiten registrieren gleich einem Seismograph die geringsten Abwandlungen. Sie zeigen Verfall wie Metamorphosen. »Ich bin ein Archivar der Zeit«, sagt Ruetz über sich und seine Arbeit an *Die absolute Landschaft*, für deren Bilder er nicht selten nächtelang draußen neben seiner Kamera schlief, den Finger am Auslöser.

Ruetz' Ästhetik hat dabei ihre eigene Geschichte. Der Begriff der *straight photography*, der reinen Fotografie, fand erstmals in der Zeitschrift *Camera Work* Verwendung, die der Kamerapionier Alfred Stieglitz zu Beginn des 20. Jahrhunderts in New York herausgab, zu einer Zeit, als Lichtbilder noch lange nicht als Kunst galten. Gleichwohl wurde hier versucht, eine Theorie des Realismus und der puren Fotografie zu entwickeln, die sich ganz bewusst alle Manipulationen versagte. Während man in der Frühzeit des bewegten Bildes in Stummfilmen für Traumsequenzen bereits kräftig Vaseline auf die Kameras schmierte und in der Fotografie der Pictoralismus die vorherrschende, um Anerkennung als Kunst buhlende Stilrichtung war, wollte *straight photography* etwas anderes sein. Kein Beschneiden der Bildränder, keine Unschärfen, eine sachliche Betrachtungsweise der ausgewählten Inhalte, ein reicher Kontrast und Tiefenfokus unter Verwendung ausschließlich natürlichen Lichts. Sonne statt Glühlampe, Draußen statt Atelier. Das Wissen des Fotografen, seinem Motiv alles zu schulden. Neben einem professionell geschulten Auge und der Vollendung im Umgang mit der Ausrüstung brauchte man dazu vor allem eines: Geduld. Schon lange vor der Verwendung des Begriffs der *straight photography* stand am 22. Februar 1893, dem Geburtstag George Washingtons, ein kaum 29-jähriger Alfred Stieglitz während eines heftigen Schneesturms an einer Ecke der 5th Avenue in Manhattan und wartete und wartete auf den richtigen Moment. Er beobachtete die vollgepackten Postkutschen, die sich in tiefem Schnee und Eis ihren Weg gen Norden bahnten. Stieglitz fror drei lange Stunden inmitten des Blizzards, bevor er endlich den richtigen Augenblick und Ausschnitt für seine Arbeit ausmachte. Die kleine Fotografie, in deren Zentrum inmitten dem Weiß und Grau von Schnee und Matsch ein die Pferde vorwärts peitschender Kutscher auf seinem Zweispänner thront und den Elementen trotzt, gilt zurecht als Inkunabel der Fotografie, dessen Abzug sich heute im gleichfalls auf der 5th Avenue gelegenen Metropolitan Museum of Art befindet. Stieglitz wollte in diesem Bild seiner ganzen Erfahrung Ausdruck verleihen. Es fröstelt den Betrachter noch heute, wenn er die kleinformatige Arbeit in Augenschein nimmt. Allein die Geduld erzielt derartige Resultate, die stundenlange unermüdliche Warterei. Bei der Vorbereitung wie bei der Nachbereitung, auf der Straße wie in der Dunkelkammer.

Ist Michael Ruetz geduldig? Nicht mit Personen, die ihn langweilen. Über Zeitdiebe kann er sich wie über vieles andere herrlich echauffieren. »Wer altersmild wird, gibt auf. Bloß nicht weise werden.« Seine Frau bezeichne ihn eher als »beharrlich und persistent«. Alljährlich hat Ruetz auch die gemeinsame Tochter fotografiert, die Tage in den Titeln der Arbeiten durchnummeriert, immer bei Angabe von Datum und Uhrzeit. *Timescape 801*. Bis zu ihrem 21. Geburtstag. »Lass dir Zeit«, hat der Fotograf seiner Tochter mit auf den Weg gegeben. »Heute tut sie intuitiv das Richtige, weil ihr nie gesagt wurde, was das Richtige ist.« Ein paar Tage nach dem Treffen mit Michael Ruetz findet sich ein Päckchen in der Post, darin ein Kinderbuch für die kleine Tochter seines Gesprächspartners. »Mit den besten Wünschen für die Wandlungen ihres Lebens«. Es ist nicht Michael Endes *Momo*, wo glatzköpfige graue Herren in grauen Anzügen den Menschen die Zeit stehlen, sondern die Aufzeichnungen der Pionierin und Farmerin Laura Ingalls Wilder über ihre ruhigen Mädchenjahre im Mittleren Westen der Vereinigten Staaten am Ende des 19. Jahrhunderts.

Der Tod
muss sterben

An der Wand neben der Eingangstür zur Apotheke entschwindet auf einem Plakat eine Dame mit wehenden blonden Haaren in ein großes dampfendes, mit Edelstahl kostbar umhülltes Behältnis. Wäre es von innen nicht so heimelig beleuchtet, es sähe aus wie ein aufgebockter, geöffneter Sarg. Aber die junge Frau muss schließlich wissen, was sie tut, verspricht die *Advanced Ice Therapy* von Cryomotion doch »eiskalte Liebe« in Großbuchstaben sowie »Gesundheit – Wohlbefinden – Anti-Aging Gewichtsreduktion«. Wer möchte der Dame da nicht hinterhereilen? Zumindest aber will man ihr ein »Erkälte dich bloß nicht!« zurufen, während der weiße Bademantel, den sie gänzlich abzulegen im Begriff scheint, in seinem dramatischen Faltenwurf bereits durchaus an zerklüftete Eisberge in der Arktis denken lässt. Ging der Mensch in Wohlstandsgesellschaften vor nicht allzu langer Zeit noch der Sonne in Solarien fremd, so werden diese ähnlich wie auch das Rauchen geschmäht, nicht zuletzt weil UV-Strahlen und Zigaretten die Haut allzu sehr altern lassen.

Und altern, das steht fest, altern will heutzutage niemand mehr. »Who wants to live forever?«, wollte Freddy Mercury 1986 wissen, heute scheint das gar keine Frage mehr zu sein. Jeder eben. Aber bitte ohne alt dabei zu werden. Denkwürdig nimmt sich dabei auch aus, dass jene High-Tech-Betriebe zum ewigen Leben forschen lassen, deren eigenen Produkten dank Sollbruchstellen eine absichtlich kurze Haltbarkeitsdauer beschert ist. Der Tod muss sterben, so haben sich das die *longevity entrepreneurs*, die Unternehmer für die Langlebigkeit, auf die Fahnen geschrieben, oder wie es die von Google mit einer Milliarde Dollar ausgestattete Tochterfirma California Life Company auf ihrer Webseite verkündet: »Wir nehmen das Altern in Angriff. Eines der größten Mysterien des Lebens.« 600 Millionen Dollar steckt Facebook-Gründer Mark Zuckerberg in sein eigenes Zellforschungszentrum. Amazon-Chef Jeff Bezos und Hedgefonds-Investor Peter Thiel haben beide viele Millionen für das Startup Unity Biotechnology ausgegeben, dessen erklärtes Ziel es ist, den Tod so lange zu vermeiden, wie man es eben möchte. Das will auch Thiel: »Die große Aufgabe der modernen Welt ist, den Tod zu einem lösbaren Problem zu machen.«

Wird es gar der Nacktmull sein, ein mexikanischer Schwanzlurch, eine sibirische Fledermaus, eine stecknadelkopfgroße Quallenart, oder sind es genmutierte Würmer, pluripotente Stammzellen, Telomere an den Enden unserer Chromosomen oder gar die Ausmerzung seneszenter Zellen, die uns den Weg zur Unsterblichkeit weisen? Bis wir das genau herausgefunden haben, bietet in der Zwischenzeit Ambrosia Plasma für 8000 Dollar Transfusionen von Teenagerblut an. Und um später mit dabei zu sein, wenn wir endlich von der Forschung profitieren können, bettet man Tote vorübergehend in flüssigen Stickstoff. Als führender Anbieter der Kryonikkonservierung hat das Unternehmen Alcor das Einfrieren von ganzen Körpern für 200 000 Dollar oder das eines Kopfes ab 80 000 Dollar im Angebot, späteres Auftauen inklusive. Die Firma Netcom wiederum bewahrt nur die Hirne bei minus 135 Grad Celsius auf, um die Gedankeninhalte der Präparate künftig auszulesen und auf Computer zu überspielen. Nur ist das Gehirn eben kein Elektrogerät und die Einzelstränge unserer DNA kein Code – »unseren Hirnglibber ausheben und in die digitale Schale betten«, wie das Botho Strauß formuliert, das funktioniert einfach nicht. Unser herrliches Hirn benötigt mit 20 Watt übrigens nur so viel Energie wie eine schummrige Glühbirne. Weniger als ein Millionstel dessen, was ein einziger Supercomputer oder 20 000 Haushalte an Leistungsumsatz benötigen, um zu funktionieren. Es scheint ganz so, als gäbe es auf dem Weg zum ewigen Leben noch einiges zu klären.

»Millionen streben nach Unsterblichkeit, die an einem verregneten Sonntagnachmittag nichts mit sich anzufangen wissen«, wusste im vergangenen Jahrhundert schon die Schriftstellerin Susan Ertz. Noch Ende des 19. Jahrhunderts lag die durchschnittliche Lebensdauer in westlichen Ländern bei etwa 40 Jahren, heute ist sie mit 80 gut doppelt so hoch. Dank vermehrter Hygiene und Ernährung, dank medizinischem Fortschritt und verbesserter Lebensbedingungen. Gut möglich, dass sie sich immer weiter nach oben entwickelt. Nur: Was machen wir dann mit der ganzen Zeit, zumal im hohen Alter? Wer will alle Zeit der Welt im Wissen darum, dass sie unendlich sein kann? Schon jetzt stöhnt man in Gedanken an die sich abzeichnenden Jobverluste durch die Digitalisierung, durch Robotologie und Künstliche Intelligenz und einem Grundeinkommen, das dafür kompensieren soll. Ab wann hat man zu viel Freizeit? Und bestimmt nach Marx nicht das gesellschaftliche Sein unser Bewusstsein? Hängt mit anderen Worten denn unser Selbstwertgefühl nicht auch von unserer beruflichen Tätigkeit ab? Als *Homo Deus* gibt sich der Mensch im Anthropozän gottgleich, in jenem Erdzeitalter, auf das er in vielerlei Hinsicht maßgeblich Einfluss nimmt. Dabei haben unsere Menschlichkeit und unser Menschsein immer auch mit dem Wissen um die eigene Sterblichkeit zu tun, selbst wenn Anhänger des zu Beginn des dritten Jahrtausends begründeten transhumanistischen Terasem-Glaubens der Forschung und Fortschrittsdenken auf dem Gebiet endlosen Lebens einen quasireligiösen Anstrich geben wollen. Das Leben, so lange wir es auch zu verlängern im Stande sein mögen, wird niemals ewig währen, es bleibt vielmehr ein kurzes Intervall inmitten der Ewigkeit.

Gleichwohl ist das ewige Leben im Glaubensbekenntnis des Christentums enthalten sowie das zentrale Versprechen zahlreicher Religionen weltweit. Der Gott des Alten Testaments versichert Gleiches auch jenen, die an ihn glauben. Ganz ohne Schrumpeln, wie Hiob weiß: »Sein Fleisch werde frischer als in der Jugend. Er kehre zurück zu den Tagen seiner Jugendkraft.« Der Jugendkult erscheint in der Menschheitsgeschichte dabei ähnlich lange zu bestehen wie der Wunsch nach zeitlich unbegrenztem Leben. So baden dutzende Millionen hinduistische Pilger anlässlich des Festes Kumbh Mela im indischen Ganges, in den Vishnu beim Kampf zwischen Göttern und Dämonen versehentlich Tropfen des Ewigkeitsnektars Amrita fallen ließ. Auch außerhalb der Glaubenslehren versprechen Jungbrunnen als Quell ewiger Jugend Unsterblichkeit. Paradiesische Zustände herrschen in der antiken Mythologie demnach auf Elysion, der Insel allzeitiger Glückseligkeit. Verorteten die Griechen diese im äußersten Westen am Rand des Urstromes Okeanos, so ließ der erste chinesische Kaiser Qin Shi Huang Di per Dekret überall im Land nach dem Elixier endlosen Lebens suchen. Den Alchemisten Xu Fu soll er dafür auf 60 Barken mit tausenden jungfräulichen Männern und Frauen ins ostchinesische Meer entsandt haben. Von seiner letzten Seereise kehrte dieser aber nie zurück. Den Zaubertrank fand er nicht – aber die Insel Japan, wo seiner noch heute als Gründungsvater gedacht wird. Qin Shi Huang Di war gleichfalls kein Glück beschert, er starb im Alter von 49 Jahren, 259 vor Christus. Die Qin-Dynastie, deren Unendlichkeit über 10 000 Generationen währen sollte, zerbrach bereits drei Jahre später. Unsterblich wurde Chinas »Ewiger Kaiser« allemal im Tod, mit einer Terrakottaarmee aus über 8000 Soldaten, Rössern und Streitwägen an seiner Grabstätte, die ihn in der Nachwelt beschützen sollte.

Rendezvous

Man kann daran vorbeigehen. Man kann aber auch innehalten und sich darauf einlassen. Gemälde rufen einem bekanntlich nicht hinterher, sie können auf der Tonspur nicht nach Aufmerksamkeit heischen. Albrecht Dürer malte sein *Selbstbildnis im Pelzrock* im Jahr 1500, also vor über einem halben Jahrtausend. Seit etwa 200 Jahren kann man es in München sehen. Es hängt heute im Obergeschoss der Alten Pinakothek in Saal II, inmitten altdeutscher Meister. Dürer ist ohnehin nicht zum Sprechen aufgelegt. Das Porträt aus eigener Hand zeigt ihn vollends in sich ruhend und selbstsicher im Alter von nur 28 Jahren. Vielleicht hat man es zum ersten Mal gesehen, als man noch ein junger Mensch war, viel jünger als der bärtige Künstler mit schulterlangem Haar, und wundert sich nun als Mann mittleren Alters bei erneuter Betrachtung darüber, dass Dürer unverändert geblieben, man selber jetzt der Ältere ist. Der Maler blickt einen frontal an, egal, wo man sich im Raum befindet. Jedes Wimpernhaar ist einzeln zu erkennen. In sich ruhend und vollends selbstbeherrscht, gibt einem das Porträt Dürers zu verstehen, dass es den Betrachter überhaupt nicht braucht, ja an ihn nicht einen Gedanken verschwendet. In den Augen spiegelt sich ein Fensterkreuz, der Blick genügt sich selbst. Sucht man seine Nähe und steht ihm auf Augenhöhe direkt gegenüber, geht der Künstler mit Nonchalance aus jedwedem Wettstarren als Sieger hervor. Seinem Blick hält man auf Dauer nicht stand. Er misst sich ohnehin nicht mit uns, die wir eifersüchtig, nun auf der Bank vor ihm sitzend, jeden weiteren Besucher des Museums, der uns für Augenblicke den Blick verstellt, eifersüchtig als Nebenbuhler beäugen und am liebsten verscheuchen würden. Der Mensch ist in Gottes Ebenbild erschaffen, der von Dürer gewählte Bildtypus des Welterlösers macht ihn zudem gottesgleich. Umso selbstbewusster Dürer sich in seinem opulenten Mantel aus Marderfell inszeniert, je mehr Demut breitet sich in einem selber aus, nicht zuletzt im Wissen um die eigene Vergänglichkeit. Dürers Blick überdauert die Zeit. In Hunderten von Jahren, wenn die eigenen Überreste bereits verwest sind, werden andere ihm noch genauso gewahr werden, ebenso wie man ihn jetzt selber sieht. Für diese Beobachtung bedarf es keines offensichtlichen Memento mori, keines Totenschädels oder Skeletts, auch keiner Requisiten der Vanitas, von angebrannten Kerzen und Spielkarten zu Sanduhren und Fliegen. Die Erkenntnis eigener Endlichkeit bedarf einzig der Kontemplation, der Zeit, die wir in diesem Fall vor Dürers Selbstbildnis ungestört verbringen können.

Bei einem Abendessen im März 2016 zu Ehren von Sheika Al-Mayasa bint Hamad bin Khalifa Al Thani in der Qatar Foundation am Rande Dohas vertraute die Performancekünstlerin Marina Abramović ihrem Tischnachbarn eine einfache Idee an. Wenn man in Museen weltweit einzelne Kunstwerke vorübergehend in kleinen Räumen platziert, die man nur alleine betreten kann, würde man fernab der Besucherströme, Führungen und Audioguides die Zeit finden, sich mit einem Gemälde wahrhaftig auseinanderzusetzen. Viele Jahrzehnte zuvor träumte schon der Künstler Mark Rothko davon, kleine Kapellen entlang der amerikanischen Highways zu errichten, als ideale Orte zur Betrachtung von Kunst. Stille und Leere waren die Koordinaten seines eigenen Schaffens, und Abramovićs Forderung nach Ruhe und Einkehr scheint umso dringlicher in einer Zeit geworden, wo Kulturinstitutionen wie das Metropolitan Museum Fitnesstrainings in ihren Ausstellungsräumen anbieten und Kunstmessen die Tinderisierung der Bildbetrachtung befördern, indem der Besucher eingeladen ist, hunderte Werke hunderter Künstler anzusehen, die dort von hunderten Galerien präsentiert werden. Ginge es dabei weniger ums Sehen als um den Geruchssinn, so wissen wir doch genau, dass etwa bei der Auswahl eines neuen Parfums im Drogeriemarkt die Nase nach ein paar Duftproben die verschiedenen Aromen kaum noch voneinander unterscheiden kann. Statt Speed-Dating ist also vielmehr ein Rendezvous zwischen Kunstwerk und Betrachter erforderlich. Kuratoren wie Künstlern sollte gleichermaßen daran gelegen sein.

Kein Wunder zudem, dass Marina Abramović mit ihrer in Doha geäußerten Idee auch Pionierin bei ihren eigenen Arbeiten ist. Für ihre Kunst sind Innehalten und Sich-Zeit-

Nehmen grundsätzlicher Natur. Zwischen März und Mai 2010 saß sie sechs Tage in der Woche bis zu zehn Stunden am Tag schweigend und ohne Pause an einem kleinen Holztisch im New Yorker Museum of Modern Art. Über 1500 Besucher, die den Mut bewiesen, sich auf das private Stelldichein einzulassen, nahmen ihr gegenüber Platz. Nicht wenige weinten dabei, viele berührte die intime Erfahrung im Innersten. Zu Beginn ihrer Performance fand sich auch der Künstler Ulay ein, Abramovićs ehemaliger Geliebter und Arbeitspartner seit Mitte der 70er Jahre. 1988 trennten sich beide endgültig. Aus diesem Anlass hatten sie sich für ein besonderes Rendezvous verabredet, wobei *Lovers: The Great Wall Walk* entstand, ihre letzte gemeinsame Arbeit. Ulay brach von der Wüste Gobi und Abramović vom Gelben Meer aus auf. Nach 90 Tagen und je 2500 Kilometern Fußmarsch auf der Chinesischen Mauer würden sie zum letzten Mal aufeinander treffen. »Ich gehe. Ich gehe. Vor langer Zeit habe ich es versprochen. Auf der Mauer. Zu Fuß. Dreiunddreißigtausend Schritte. Erster Schritt. Sonnenaufgang. Dreiunddreißigtausend Schritte. Sonnenuntergang.« Dergestalt beschrieb Marina Abramović ihren Leidensweg. Als sie sich endlich begegnen, umarmen sie einander kurz. Ein Händehalten, ein Lächeln, ein paar Tränen. Es war vorbei, ein Zurück gab es nicht mehr.

So wie Abramović ihre einzelnen Schritte zählte, so begann der Künstler Roman Opalka auf riesigen Leinwänden alle Zahlen ab der Nummer 1 in fortlaufenden Kolonnen zu malen. War es sein erklärtes Ziel, mit seiner Arbeit *1965 / 1 – ∞* zur Zahl *7 777 777* vorzudringen, so lautete die letzte vor seinem Tod gemalte Zahl 5 607 249. Auf seinen in viereinhalb Jahrzehnten entstandenen Bildern verwendete der Künstler bei den Zahlen weder Kommas noch Punkte. Als sich Ulrich Lehner, der ehemalige Vorstandsvorsitzende der Henkel AG und ein ausgewiesener Zahlenmensch, Anfang 2018 vor einem Werk Opalkas im Düsseldorfer Museum Kunstpalast einfand, fiel ihm auf, dass auf dem Bild *Detail 612464–638092* zwischen der 622008 und der 622010 die 622009 fehlte. Ähnliches ist vom japanischen Konzeptkünstler On Kawara indes nicht bekannt. *One Million Years – Past* (1969) und *One Million Years – Future* (1981) listet in dicken Bänden auf tausenden Seiten in säuberlich formierten Spalten jede Jahreszahl einzeln abgedruckt auf, jeweils mit dem Zusatz BC (Before Christ) oder AD (Anno Domini). Zum gemeinsamen Verlesen der Zahlen kommen auf Ausstellungen, Biennalen, Kunstfestivals und Performances Männer und Frauen zusammen, die abwechselnd zukünftige und vergangene Zeiten aus den Bänden vortragen. Alle Lesungen werden aufgenommen, wobei die Stiftung des 2014 verstorbenen On Kawara davon ausgeht, dass zur Komplettierung des Projekts noch über 100 Jahre vergehen werden.

Eine noch größere Zeitspanne spielt bei einer besonderen Begegnung des amerikanischen Konzeptkünstlers Joseph Kosuth eine Rolle. Ihr haben wir es zu verdanken, dass Albert Einsteins Lieblingswitz der Nachwelt erhalten blieb. Im Anschluss an eine Ausstellungseröffnung in Hamburg, auf einem recht vollen Empfang zu Kosuths Ehren in der Villa eines Sammlers, zog sich dieser, erschöpft von seiner Reise aus Amerika und einem anlässlich der Vernissage gehaltenen Vortrag, in eines der hinteren Zimmer zurück, um dort kurz auszuruhen. Hier traf er auf einen Mann mit weißgelocktem Haar, der ein wenig wie Albert Einstein aussah. Dieser fragte den Künstler, ob er Joseph Kosuth sei. Er stellte sich als Neffe Albert Einsteins vor, und da er wusste, dass Kosuth Witze sammelte, erzählte er ihm den Lieblingswitz seines Onkels. Von einem Treffen zwischen Mensch und Gott. »Lieber Gott, was sind für dich 100 Millionen Jahre?«, fragte der Mensch, woraufhin Gott antwortete: »Für mich ist das nur ein Augenblick.« »Und was sind dann 100 Millionen Dollar für dich?« »Für mich ist das nur ein Penny.« Woraufhin der Mensch bat: »Lieber Gott, hast du einen Penny für mich?« »Na klar. Warte einen Augenblick.«

Éros, c'est la vie

Die beiden Männer an Bord des Dampfschiffes »Paris« kennen sich nur vage. Julien Levy ist 21 Jahre alt, der Künstler Marcel Duchamp ist 39. Knapp 2000 Passagiere sind im Februar 1927 auf dem Weg von New York nach Le Havre acht Tage lang unterwegs – und so kommt man ins Gespräch. Wenige Monate zuvor hatte Edgar A. Levy auf Drängen seines Sohnes Julien eine Skulptur von Constantin Brancusi auf einer von Duchamp organisierten Ausstellung der New Yorker Brummer Gallery erworben. Dessen Gepäck besteht vornehmlich aus den 15 unverkauften Werken Brancusis, die er dem Künstler nun wieder nach Paris zurückbringen will. Levy, der später als Galerist der Avantgarde in Amerika den Surrealismus salonfähig machen sollte, hat wiederum Notizen für einen Experimentalfilm dabei. Seine Idee dafür will er auf Weiterempfehlung von Duchamp im Atelier des amerikanischen Fotografen und Malers Man Ray realisieren, dessen Kamera er dafür in Paris gleichfalls nutzen darf. Die Männer treffen sich also ab und an in der Art-déco-Lounge, trinken Wermut und Bier, rauchen, reden und lachen, bis sich Duchamp zum

Schachspiel zurückzieht. Die höflichen Gespräche plätschern wie der ruhige Atlantik draußen vor sich hin, die Überfahrt verläuft ohne besondere Vorkommnisse. Bis auf etwas, woran sich Julien Levy, der kein Tagebuch führte, erst viel später, beim Verfassen seiner Memoiren Ende der 70er Jahre, erinnern sollte. An etwas, das Marcel Duchamp ihm anvertraut, als der junge Mann ihn mit zwei Bleischnüren hantieren sieht, deren Umrisse er auf Papier abpaust. »Er sagte mir, er konstruiere eine mechanische weibliche Apparatur. Lächelnd lässt er mich wissen, eine lebensgroße bewegliche Puppe bauen zu wollen. Eine mechanische Frau, deren ferngesteuerte, wenn möglich selbstbefeuchtende wie kontraktierende Vagina aus engmaschigen Sprungfedern und Kugellagern besteht, die durch einen im Kopf der Puppe integrierten Hebel aktiviert werden könne, den er soeben mit Drähten zurechtzubiegen versuchte – eine ›machine-onaniste‹ ohne Hände.« Es wäre fahrlässig, Duchamp aufgrund solcher Bemerkungen nach heutigen Maßstäben frauenfeindliche Gesinnung vorzuwerfen. Schließlich war er es, der zahlreichen Künstlerinnen zu einer Karriere verhalf, der einer mittellosen Beatrice Wood diskret einen Umschlag mit Geld zusteckte, als er selbst nicht viel besaß, der sich ab 1920 ein weibliches Alter Ego namens Rrose Sélavy (»Éros, c'est la vie« oder »Eros ist das Leben«) zulegte und Peggy Guggenheim 1942 eine Ausstellung mit Werken von 31 Frauen in deren New Yorker Galerie vorschlug. Etwas ganz anderes ist an Duchamps Äußerungen Levy gegenüber von Interesse. Sie belegen, dass dieser sich über vier Jahrzehnte hinweg mit einem

Werk beschäftigte, das ihn schließlich vollständig vereinnahmen sollte. Die Zeit seiner Studien, Vorzeichnungen und Bemühungen um einen adäquaten Aufbau im Philadelphia Museum of Art mit eingerechnet, arbeitete Duchamp das letzte Vierteljahrhundert vor seinem Tod 1968 an der erst posthum erstmalig ausgestellten Installation *Gegeben sei: 1. Das Leuchtgas / 2. Der Wasserfall*, die bis heute dort zu besichtigen ist. Durch zwei Gucklöcher einer massiven Holztür, umrahmt von einem Ziegelbogen, der in die Rückwand eines eigens dafür geschaffenen Ausstellungsraums eingelassen ist, blickt der Betrachter auf den Torso einer nackten Frau. Auf Laubblättern und Zweigen gebettet, reckt diese dem Besucher mit weit gespreizten Beinen ihre entblößte, rasierte Scham entgegen. Dabei hält sie inmitten einer Waldlandschaft samt fließendem Wasserfall und fast wolkenlos strahlend blauem Himmel mit der linken Hand eine leuchtende Gaslampe empor. Das Gesicht der Frau ist dabei von einem zwischen Holztür und Landschaft befindlichen Mauerdurchbruch aus Backsteinen verdeckt.

Gegeben sei: … ist auch ein Amalgam von Duchamps Lieben und Obsessionen, seinen physischen wie intellektuellen Neigungen sowie seinen Leidenschaften. Für die Herstellung des Körpers, seiner »Lady of Desire«, wie er sie selbst nannte, nutzte er die Abgüsse dreier verschiedener Frauen, die ihm sehr nahestanden: die Buchbinderin Mary Reynolds, die Frau des brasilianischen Botschafters, Maria Martins, und Alexina Sattler, die Exfrau des Sohnes von Henri Matisse, die Duchamp später heiraten sollte – was ihn dazu bewogen haben mag, die Haarfarbe der Frau von *Gegeben sei: …* am Ende auszutauschen: das Brünett der surrealistischen Bildhauerin Martins gegen das Blond der Amerikanerin Sattler. Weniger als eine Handvoll Vertrauter wusste von Duchamps Arbeit, die er ganz im Verborgenen verwirklichte. In New York mietete er ein geheimes Atelier an, getreu seinem Motto: »The great artist of tomorrow will go underground.« Dieses Vorgehen muss nicht verwundern. Schon als junger Mann arbeitete Duchamp über zehn Jahre an seinem Hauptwerk, einer Arbeit auf Glas, bevor er sich für lange Zeit ganz von der Kunst verabschiedete, um professionell Schach zu spielen. »Duchamps beste Arbeit war die Verwendung seiner Zeit«, umschrieb das sein enger Freund, der Schriftsteller Henri-Pierre Roché. Wobei Robert Lebel den Künstler schlicht »L'inventeur du temps gratuit« nannte, den Erfinder der freien Zeit. Sein Werkverzeichnis zu Duchamp von 1959 listet nicht mehr als 209 Arbeiten auf. Wurde er gefragt, gab Duchamp oft an, wie sehr es ihn freue, seine Zeit mit Atmen statt mit Arbeiten zu verbringen. Aussagen wie diese sind nicht zuletzt eingedenk seiner heimlichen Arbeit an *Gegeben sei:…* mit Vorsicht zu genießen. Unbestritten bleibt, dass er sich viel Zeit nahm, über eben diese nachzudenken. Der von ihm genannte französische Begriff der »retard«, also der Verspätung, der Verzögerung und des Aufschubs, ist für Duchamps Werk genauso wichtig wie seine Überzeugung, dass dem zeitgenössischen Publikum keine Rolle bei der Beurteilung eines Kunstwerks zukomme. Allein die Nachwelt entscheide nach 50 oder 100 Jahren über die Unsterblichkeit, und selbst diese spiele Roulette, indem sie ihre Meinung stets revidiere.

Duchamps *Gegeben sei: ...* hat ganz unterschiedliche Künstler inspiriert, von Andy Warhol und Hannah Wilke zu Jeff Koons und Robert Gober. Selbst die isländische Popsängerin Björk feierte in einem Interview, wie sehr gerade dieses Werk »komplett das 20. Jahrhundert verändert« habe. Es ist beachtlich, dass ein auf Stille, Ruhe und sparsame Verwendung seiner Zeit bedachter Künstler wie Marcel Duchamp nicht nur als einer der wichtigsten Wegbereiter der Moderne im 20. Jahrhundert gilt, sondern offenbar auch im 21. Jahrhundert genau deshalb nichts an Wirkungsmacht eingebüßt hat. Da verwundert es zudem kaum, dass Duchamps erste Einzelausstellung in einem kleinen Museum an der Westküste Amerikas stattfand, als er bereits 76 Jahre alt war. Heute messen sich zu Viele daran, schnell Vieles zu erschaffen und auszustellen – in einer Zeit, da Kunstwelt und Kunstmarkt beinahe deckungsgleich geworden sind und Galerien wie Kunsthandel darum immer mehr Arbeiten von immer jüngeren Künstlern einfordern. Sehr wenige von ihnen wissen dabei um die Gefahr, den Schonraum des Ateliers und das stille Scheitern gegen schnelllebige Aufmerksamkeit und vorübergehenden Ruhm einzutauschen. Zwischen dem »äußeren Schein« und der »Verkleidung« dessen, was wir zu sein vorgeben, bestehe »keinerlei Verbindung mit der einsamen Explosion eines sich ganz allein selbst überlassenen Individuums«, so Duchamp. Auch hier war er es, der früh gegen die »Quick Art« Stellung bezog, gegen den alle Lebensbereiche vereinnahmenden Rausch der Geschwindigkeit – und darauf verwies, dass Kunst von großer Bedeutung stets ihre Zeit benötige. Wie eine Bestätigung dessen findet sich, dem Auge des Betrachters verborgen, auf dem rechten Arm der Frau aus *Gegeben sei: …* eine Inschrift von Duchamps Hand, die neben dem Titel der Assemblage auch die Jahreszahlen der Entstehungszeit vermerkt: 1946–1966.

Sprezzatura

Dem Schlendrian sollte man nicht das Wort reden. Die Faulheit ist schließlich eine der sieben Todsünden. Mag sein, dass unsere Vorfahren viel weniger arbeiten mussten, als wir es heute tun. Die Wildbeuter der Steinzeit, die Jäger und Sammler, die vor 30 000 Jahren unterwegs waren, konnten nach nur wenigen Stunden gemeinschaftlichen Tagewerks mit ihresgleichen womöglich mehr entspannen, als das unser gefühlter Dauerstressmodus heutzutage zulässt – und das auch noch, ohne sich dabei über die Sinnhaftigkeit der eigenen Arbeit den Kopf zu zerbrechen. Trotzdem war völlige Untätigkeit auch im Jungpaläolithikum keine Option, ging es doch immer auch ums tägliche Überleben. Fällt diese Herausforderung heute für große Teile der Menschheit weniger ins Gewicht, so hat sich die Einstellung zum allumfänglichen Nichtstun über Jahrtausende kaum verändert. Auch Paul Lafargues *Das Recht auf Faulheit* aus dem Jahr 1848 will nichts anderes, als das »Recht auf Arbeit« zu diskreditieren, das seinerzeit als große postrevolutionäre Errungenschaft gefeiert wurde. Lafargue fordert keineswegs die völlige Tatenlosigkeit. Er will nur davor warnen, dass dem Proletariat mit einer Tagesarbeitszeit von bis zu zwölf Stunden de facto die Versklavung droht. Seine utopische Satire weist aus dem »Jammertal des Arbeiters«, der »seine Instinkte verleugnend« sich selbst vom »Dogma der Arbeit« hat »verführen lassen. Alles individuelle und soziale Elend entsteht aus seiner leidenschaftlichen Arbeitswut.« Friedrich Nietzsche wittert die gleiche Gefahr. »Wir befinden uns mitten in einem Zeitalter der ›Arbeit‹, will sagen: der Hast, der unanständigen und schwitzenden Eilfertigkeit, das mit allem gleich ›fertig‹ werden will (…) Man schämt sich jetzt schon der Ruhe; das lange Nachsinnen macht beinahe Gewissensbisse. ›Lieber irgend etwas tun als nichts‹ – auch dieser Grundsatz ist eine Schnur, um aller Bildung und allem höheren Geschmack den Garaus zu machen.« Nietzsches Beobachtungen waren schon zu seiner Zeit keineswegs neu. Bereits im vierten Jahrhundert vor Christus warnte Apelles seinen ausgesprochen ambitionierten und trotzdem weit weniger erfolgreichen Malerkollegen Protogenes, dass allzu großer Fleiß schädlich sei – vielleicht im Wissen um das damals geläufige lateinische Sprichwort, wonach niemand frei ist, der nicht manchmal auch nichts tut. Ohne *otium*, ohne Muße und freie Zeit, war Arbeit in der Antike zumindest für die herrschenden Klassen undenkbar.

Und wie steht es in der Literatur, wo sich Helden auch der geringsten Arbeit komplett verweigern? Hermann Melvilles *Bartleby, der Schreiber* oder Iwan Gontscharows *Oblomow* sind Säulenheilige der Faulheitsfraktion und wurden Mitte des 19. Jahrhunderts erfunden. Niemandem aber sollte entgangen sein, dass beide an ihrer selbstgewählten Trägheit letztlich zugrunde gehen. Man darf nicht vergessen, dass Gontscharow knapp tausend in langer, harter Arbeit entstandene Seiten auf die Entschlussarmut seines Titelhelden verwendete, um das Elend derselben aufzuzeigen, nicht etwa um sie zu glorifizieren. Selbst die Liebe vermag Oblomow nicht aus seiner Tatenlosigkeit zu erlösen. »Gar nichts zu tun ist die allerschwierigste Beschäftigung und zugleich diejenige, die am meisten Geist voraussetzt.« Auch diesen Spruch von Oscar Wilde tragen apathische Gemüter wie eine Monstranz vor sich her. Nur stammen diese Worte von einem Mann, der am Ende des 19. Jahrhunderts in wenigen Jahren viele noch immer präsente Theaterstücke, einen bedeutenden Roman und bis heute lesenswerte Essays schrieb. Als ein Freibrief zur Faulenzerei sollte sein Satz nicht missverstanden werden. Trägheit ist keine Königsdisziplin. Interesselose Lustlosigkeit führt zu Stumpfsinn und Monotonie. Und über die Langeweile schrieb Thomas Mann im *Zauberberg*: »Große Zeiträume schrumpfen bei ununterbrochener Gleichförmigkeit auf eine das Herz zu Tode erschreckende Weise zusammen; wenn ein Tag wie alle ist, so sind sie alle wie einer; und bei vollkommener Einförmigkeit würde das längste Leben als ganz kurz erlebt werden und unversehens verflogen sein.« Natürlich sollte man lernen, Langeweile zu ertragen. Außerhalb eines mühsamen Arbeitsalltags kann sie willkommene Ablenkung sein, ähnlich dem gemeinsamen Schweigen in einer engen Beziehung. Nur ist dieses Schweigen vom Austausch umgeben wie die Langeweile von Tätigkeit.

Denn als Dauerzustand ist Langeweile nichts weiter als Lethargie, eine Ahnung dessen, was uns mit dem Tod erwartet. Das Gleiche gilt für die Auseinandersetzung mit der Faulheit. Zeit zu vergeuden ist ein dekadenter Luxus, den sich allenfalls eine in zumindest unproduktiver Tätigkeit ergehende Klasse der Superreichen leisten kann, wie dies ihr aufmerksamer Beobachter Thorsten Veblen 1899 in seiner *Theorie der feinen Leute* noch attestieren konnte. Heutzutage ist auch bei den oberen Zehntausend sinnstiftende Geschäftigkeit Pflichtprogramm. Niemand wollte sich noch nachsagen lassen, nichts oder Unnötiges zu tun. Der reine Schlendrian ist für den rasenden Stillstand einer wie auch immer gearteten Beschäftigungstherapie keine Alternative mehr.

Anfang des 16. Jahrhunderts publizierte der italienische Schriftsteller und Diplomat Baldassare Castiglione sein Buch *Der Hofmann* über den Kulturbetrieb der Renaissance, über das Tun und Handeln sowie die Verhaltensspielarten am Hofe des Herzogs von Urbino. Dem darin verwendeten Begriff der *sprezzatura* kommt man keineswegs – wie in den zahlreichen Übertragungen ins Deutsche geschehen – mit den Worten Nonchalance oder gar Nachlässigkeit bei. Denn hier geht es ganz und gar nicht um Untätigkeit. Lässigkeit oder das, was wir heute als cool bezeichnen, trifft es auch nicht ganz, kommt aber Castigliones Deutung der *sprezzatura* schon etwas näher. Wer *sprezzatura* ausstrahlt, ist so tiefenentspannt wie besonnen. Tatsächlich handelt es sich hier weder um eine aufgesetzte noch affizierte Mühelosigkeit, die unangestrengt ihre Wirkung entfaltet. *Sprezzatura* ist die Willensstärke und Würde, den anderen eben nicht in den Maschinenraum seiner Arbeit blicken zu lassen. Gefühlte Schnappatmung und Hitzfleckigkeit gehen niemand anderen etwas an. *Sprezzatura* ist die Ruhe im Auge des Sturms, ist die Leichtigkeit der Schwerstarbeit. Die Angebetete soll nicht ahnen, dass an jedem Wort einer spontan wie vermeintlich vollends absichtslos hervorgebrachten Liebeserklärung viele Wochen und Nächte lang in zermürbender Kleinstarbeit gefeilt wurde. Es geht sie auch nichts an. Die wahre Kunst findet im Verborgenen statt, und allzu demonstrativ zur Schau gestellte Lässigkeit ist eben dadurch keine mehr. Selbst wenn Anmut nur bedingt erlernbar ist, so sind Zurückhaltung wie Bescheidenheit deren Lehrmeister. Das Kultivieren eines gemächlich und mit Bedacht vorgehenden Charakters, wie dieser gleichfalls in Sten Nadolnys *Entdeckung der Langsamkeit* und Milan Kunderas *Die Langsamkeit* zelebriert wird, schöpft seine Stärke aus Erinnerung wie aus Innehalten und ist jedweder Schnelligkeit schlussendlich haushoch überlegen.

Hetze, Stress und Eile, dem ewigen Stöhnen über zu viel Arbeit und dem Damoklesschwert des Burnout versucht das Slow Movement mit Hygge, Yoga, Meditation und Entspannungs-Apps beizukommen. Alles nicht verkehrt, trotzdem keine Methoden, die Erholung und Entlastung garantieren. Wirklicher Ausgleich und inneres Equilibrium sind kaum über Heilsversprechen zu erreichen, die nichts weiter als ein Korrektiv sein können. *Sprezzatura*, Ruhe und Gelassenheit sollten als essentieller Bestandteil der Arbeit selbst verstanden werden. Eile mit Weile entlarvt sich als unsinniges Sprichwort, zumal es Gegensätze zu vereinen sucht. *Weile statt Eile* mag um einiges sinnhafter erscheinen, wenn es um die Verwendung unserer Kräfte im Tagtäglichen geht. Arbeit kann Erfüllung und Quelle des Glücks sein. Gute Laune und harte Arbeit schließen einander nicht aus. Wer genug zu essen, keinen Nächsten verloren hat, um niemand bangen muss und selbst nicht darbt, der sollte nicht hinter seinen Möglichkeiten zurückbleiben und sich einem Abenteurer gleich frohen Mutes an die ausfranselnden Randgebiete seiner selbst und die Grenzen seiner Belastbarkeit begeben. Eben dorthin, wo sich der größte Erkenntnisgewinn dann einstellt, wenn man für die Echolotergründung seines Inneren gebührend Zeit zu verwenden bereit ist. Jener Ort, wo Energie stets mehr Energie generiert statt Kräfte zu rauben und sich die meisten Probleme und Herausforderungen mit leicht von der Hand gehender Arbeit lösen lassen, solange man sich damit beschäftigt, was man selber am meisten wertschätzt.

Raumschiff Erde

Am Äquator dreht sich die Erde mit einer Geschwindigkeit von knapp 1700 Kilometern pro Stunde. Gleichzeitig kreist sie mit über 100 000 km/h um die Sonne, währenddessen unser Sonnensystem mit seinen acht Planeten um das Zentrum der Milchstraße rotiert und dabei alle 60 Minuten knapp 800 000 Kilometer zurücklegt. Zur Milchstraße gehören bis zu 400 Millionen weitere Sterne. Der für uns sichtbare Teil des Universums, sofern er derzeit für uns mit Hilfe von Weltraumteleskopen erschlossen werden kann, weist wiederum über 2000 Milliarden Galaxien auf. Warum all diese Zahlen, die einen nur schwindeln lassen? Zunächst einmal liefern sie jene Art von Daten, die man im Englischen als »Fun Facts« bezeichnet: in diesem Fall ein Sammelsurium an Informationen über unseren Platz im Weltall, die unser Auffassungsvermögen bei Weitem übersteigen. Machen wir also ein wenig weiter damit: Milchstraße und benachbarte Galaxien legen in einer Stunde eine Strecke von über drei Millionen Kilometer in Richtung des mindestens 150 Millionen Lichtjahre entfernten Großen Attraktors zurück, eine riesenhafte Ansammlung von Sternen mit einer Masse von 10 Billiarden Sonnen. Unser eigenes Planetensystem wiederum ist in etwa 4,5 Milliarden Jahre alt und es wird ungefähr noch einmal so lange dauern, bis die Sonne als Roter Riese in den Orbit der Erde hinein expandiert und diese verschluckt. Allerspätestens dann wird es kein Leben mehr auf unserem Planeten geben. Zwar sprechen wir schon jetzt oft davon, dass die Erde bald untergeht, jedoch ist diese Behauptung recht vermessen, da wir damit lediglich das Ende der Menschheit auf unserem Planeten meinen, die ebendort erst seit 200 000 Jahren zu Gast ist.

Die meisten von uns gehen davon aus, dass die Menschen im Anthropozän – in jenem, unserem, Zeitalter, in dem wir vom Klimawandel über Atombomben und Plastikmüll zur Kernkraft, Künstlicher Intelligenz und Ausrottung der Artenvielfalt unsere Umwelt selbst entscheidend beeinflussen, da der Mensch maßgeblich die biologischen, geologischen und klimatischen Verhältnisse auf der Erde bestimmt – nicht nur in der Lage sind, sich selbst auszulöschen, sondern auch einen Weg finden werden, dies tatsächlich zu tun. Und was bleibt dann übrig von uns? Auf jeden Fall die Stimme der Germanistin Renate Born, zumindest vier Worte, die sie spricht und die sich derzeit im interstellaren Raum über 20 Milliarden Kilometer von der Erde entfernt auf einer vergoldeten Kupferscheibe befinden: »Herzliche Grüße an alle«. Borns Grüße rasen an Bord von Voyager 1 nach dem Verlassen unseres Sonnensystems derzeit mit über 50 000 km/h Richtung Sternbild Ophiuchus. Die 1977 von Cape Canaveral aus gestartete Raumsonde wird noch bis 2025 Signale zurück an die Erde senden und hat sich bis dahin bei der Erkundung von Jupiter, Uranus, Neptun und vor allem Saturn sowie zuletzt der Heliosphäre außerordentlich verdient gemacht. Am Valentinstag 1990 richtete sie sich vom Rande des Sonnensystems noch einmal zur Erde hin aus, um auf ihrer immerwährenden Reise ein letztes Foto des blauen Planeten als winzig kleinem, leuchtendem Punkt aufzunehmen. Voyager 1 führt einen kreisrunden, an der Außenseite befestigten Datenträger mit sich, der neben mehr als 100 Bildern auch Geräusche, Musik und Grußbotschaften in 55 Sprachen von Sumerisch bis Pandschabi enthält, darunter eben auch Deutsch. Für »The Sounds of Earth«, so der Name der in einer Aluminiumhülle gegen kosmische Strahlung geschützten Langspielplatte, war vor allem der Astronom und Schriftsteller Carl Sagan verantwortlich, dem man schnell zum Vorwurf machte, keinerlei Töne oder Bilder von Krieg, Krankheit, Verbrechen, Religion oder Armut mit ausgewählt zu haben. Anderen wiederum gingen die Informationen zu weit, da Schaubilder genaue Angaben zum Standort der Erde im Weltall machten. Sagans Kollege, der Physiknobelpreisträger Sir Martin Ryle befürchtete gar, dass uns Außerirdische mit diesem Wissen angreifen und vernichten könnten. Trotz Abermilliarden Galaxien mit je hunderten Millionen Sternen ist das Weltall als Vakuum gleichwohl vor allem eines: leer. »Unendliche Weiten«, wie Star Trek schon seit Mitte der 60er Jahre weiß. So wird es laut NASA auch noch etwa 40 000 Jahre dauern, bis Voyager 1 als ultimative Zeitkapsel überhaupt in die Nähe eines Gestirns gerät, nämlich dann, wenn die Sonde mit immerhin nur 1,7 Lichtjahren Distanz an dem bislang unerforschten Himmelskörper AC+79 3888 im Sternzeichen des Kleinen Bären vorbeirauschen wird. Die goldenen Datenplatten der Voyager sollen 500 Millionen Jahre überdauern können. Wird die Raumsonde jemals von extraterrestrischem Leben entdeckt, so dieses überhaupt irgendwo da draußen existiert? Die Nadel im Heuhaufen ist da kein Vergleich. Nicht einmal einem Sandkorn in der Wüste kommt Voyager 1 im Weltraum gleich. Und was fingen die Außerirdischen damit an, mit den Bildern der Golden Gate Bridge, vom Toronto Airport, dem Taj Mahal oder den Tonaufnahmen zu Ludwig van Beethovens 13. Streichquartett? Vorausgesetzt sie könnten den Datenträger auf der Kupferscheibe überhaupt entschlüsseln?

Selbst wir Menschen tun uns schwer damit, den Sinn kreisrunder Artefakte hier auf Erden zu verstehen, die vor Jahrtausenden schließlich durch unsere eigenen Vorfahren entstanden – der Diskos von Phaistos, die Himmelsscheibe von Nebra oder die konzentrisch errichteten Basaltstelen von Stonehenge. Ob unsere Botschaften im Weltall nun entziffert werden oder nicht, noch einmal also die Frage: Was wird bis auf die Datenträger Voyagers von uns übrig bleiben? Nicht nur in Nachhaltigkeitskreisen erzählt man gerne den Witz von zwei Planeten, die sich treffen. »Was ist denn nur mit dir los«, wird Erde gefragt, »du siehst so krank aus.« »Ich habe *Homo sapiens*«, erwidert Erde. »Macht nichts, das geht vorüber«, beruhigt der andere Planet die Erde lächelnd. Im Zusammenhang der Gräueltaten des Vietnamkriegs bezeichnete die amerikanische Schriftstellerin Susan Sontag die weiße Rasse einmal als das Krebsgeschwür der menschlichen Geschichte. Wir wissen allerdings, dass wir allesamt auch Herrliches zu erschaffen imstande sind, Wunderbares mit Bestand und von Dauer. Von Naturkatastrophen wie Asteroideinschlägen und Vulkanausbrüchen, vom Jüngsten Gericht, Pandemien oder der Zerstörung des Planeten durch Aliens sowie Gammablitze aus dem Weltraum einmal abgesehen, ist und bleibt es der Mensch, der sein Schicksal für die nächsten Milliarden Jahre eigenverantwortlich in der Hand hält, wenn es ums Ganze geht, wenn es sich um unsere Existenz auf dem Planeten Erde dreht. Der Systemtheoretiker und Architekt Buckminster Fuller legte 1968 erstmals seine »Bedienungsanleitung für das Raumschiff Erde« vor und hatte für das Weltraumprogramm der NASA wenig Verständnis, zumal wir uns ja eben dort, nämlich im Weltraum, bereits befänden. Oder wie sein Zeitgenosse Marshall McLuhan vier Jahre zuvor formulierte: »Auf Raumschiff Erde gibt es keine Passagiere. Wir sind alle Teil der Crew.«

Schwarze
Schwäne

Rapide Veränderungen können ganze Wirtschaftszweige in Windeseile komplett durchrütteln oder gar zerschlagen. Um das ganz ohne Zahlen und Charts visuell begreiflich zu machen, kommt unternehmensintern kaum eine Power Point-Präsentation ohne Bilderpaare aus, die einprägsam darstellen, wie bestehende Geschäftsmodelle von technologischen Erneuerungen abgelöst und verdrängt werden. So zeigt ein Foto vom New Yorker Broadway vor 1920 ein paar Autos inmitten eines Meeres von Kutschen. Zehn Jahre später erkennt man zwischen lauter Blech kaum noch einzelne Pferde. Andere Aufnahmen zeigen die Rückenansicht einer Menschenmenge, die auf dem Petersplatz auf die Entscheidung des Konklaves harrt, den nächsten Papst zu benennen. Bei der Wahl Papst Benedikts XVI im Jahr 2005 hielten Wartende in der Dunkelheit vereinzelt Kerzen in der Hand. 2013 wird das gesamte Areal vor dem Petersdom vom Display Tausender Smartphones erhellt, die ungeduldig in die Höhe gereckt werden.

Unvorhersehbare Ereignisse, die Traditionsunternehmen unvorbereitet treffen, führen zu unkalkulierbaren

Konsequenzen. Der Vorgang ist in der Ökonomie als *Black Swan Theory* bekannt. Mit einem Schwarzen Schwan rechnet bekanntlich niemand und der rapide Wandel lässt oftmals kaum Zeit, sich an die neue Situation anzupassen. So beschäftigte Ende des 19. Jahrhunderts der florierende Handel mit Eis allein in den USA 90 000 Mitarbeiter bei einem Jahresumsatz von heute knapp einer Milliarde Dollar. Das gesamte Geschäftsmodell beruhte auf dem möglichst zügigen und effizienten Transport hunderttausender Tonnen Eis von den Seen des hohen Nordens in die Krankenhäuser, Lebensmittellager, Geschäfte und Bars überall in den Vereinigten Staaten. Für den kleinsten Wettbewerbsvorteil wurde erbittert an immer kürzeren Lieferzeiten gearbeitet. Wie optimierte man die Leistungsfähigkeit der Schneidewerkzeuge und Zangen für die Eisernte? Sollten die Pferdewagen für die Beförderung Vierspänner, Sechsspänner oder gar Achtspänner sein? Wann wurde wo und wie auf die Eisenbahn verladen? Und dann erfand jemand den Kühlschrank. Dessen unerwartet raschen Siegeszug hatte niemand auf dem Radar. Die Fachzeitschrift *Ice Trade Journal* benannte sich in *Refrigerating World* um, und der Rest ist Geschichte.

Erfolg allein schützt nicht vor dem Schwarzen Schwan, im Gegenteil. Erfolg macht satt. Und nicht selten betriebsblind. Wer gut im Geschäft ist, gibt sich oft beratungsresistent. Es läuft ja schließlich. Warum sollte man sich ändern? Konstruktive Kritik ist da nur Störfunk, berechtigte Warnungen Unkenrufe. Wunschdenken und Selbstüberschätzung können am Ende zu Planungsfehlern führen, wie

Wirtschaftsnobelpreisträger Daniel Kahnemann weiß, der in seinem Buch *Thinking, Fast and Slow* neben unseren schnellen, instinktiven und emotionalen Gedanken ebenso die grundlegende Bedeutung der langsamen, abwägenden und rationalen Denkprozesse aufzeigt. Die Abhängigkeit vom Tagesgeschäft, die unerbittliche Einforderung von Gewinnmargen und Bilanzen sowie die rapide Taktung betriebswirtschaftlicher Kennzahlen in Echtzeit fordern allerdings vornehmlich blitzschnelle Entscheidungen. Der steile Galopp von Quartalszahl zu Quartalszahl will ohne Scheuklappen kaum gelingen. Die Zeit ist die knappste aller Ressourcen. Das Mantra vom *Survival of the Busiest* fordert sein Tribut. Laut *Harvard Business Manager* stellt erfolgreiches Zeitmanagement für CEOs inzwischen die größte aller Herausforderungen dar. Zwar suggerieren zeitgenössische Ratgeber endlose Möglichkeiten schnelleren Denkens, schnelleren Lesens und schnellerer Entscheidungen, vorzugsweise gespickt mit dem letzten Forschungsstand der Neurowissenschaften. Indes unterschätzen die Prediger von Zeitersparnis und der Macht des Moments dabei eines immens: das Wissen, das sich der Erfahrung, dem Know-how und langjähriger Sachkunde verdankt: *deep knowledge*. Fundiertes Wissen, das eben nicht zu verwechseln ist mit jener Informationsflut, die uns immer und überall abrufbar zugefüttert wird. »Zukunft braucht Herkunft«, bemerkte einmal der Philosoph Odo Marquardt. In die Wirtschaftssprache übersetzt heißt das Zauberwort seit Peter Schwarz' *The Art of the Long View: Planning for the Future in an Uncertain World* »Szenariotechnik«. Nur wer auf Basis grundlegenden Wissens in variablen Szenarien vorauszudenken vermag, der antizipiert vielleicht auch den Schwarzen Schwan. Der ist flexibel und kann einen plötzlichen Wandel mitgestalten, sich zumindest aber auf ihn einstellen und sein Geschäftsmodell an diesen anpassen.

Wirkliche Langfristigkeit bleibt in der Wirtschaft dennoch eher die Ausnahme als die Regel. In Japan mag es Hotels und Süßwarenhersteller geben, in Deutschland Weingüter und Brauereien, oder eine Bar im irischen Athlone, die schon über 1000 Jahre ihrem Geschäft nachgehen. Auch werden Anteile von Banken und Versicherungen, die sich im 17. Jahrhundert gründeten, noch heute im Dax gehandelt: was freilich nicht darüber hinwegtäuschen sollte, dass das durchschnittliche Haltbarkeitsdatum eines börsennotierten Unternehmens keine 50 Jahre beträgt. Seitdem die New York Stock Exchange 1903 an der Wall Street ihre Pforten öffnete, werden dort die Aktien von weniger als einer Handvoll Unternehmen angeboten, die wie Con Edison oder die Bank of New York von Beginn an mit dabei waren. Aber was macht jene, die länger ganz vorne mitspielen eigentlich aus, neben der Tatsache, enormes Glück gehabt zu haben? Für Steve Jobs war die Sache klar. Es ist reines Durchhaltevermögen, was aufstrebende Entrepreneure und Start-ups von jenen Firmengründern unterscheidet, die auf der Strecke bleiben. Beharrlichkeit ermöglicht längerfristigen Erfolg. Die meisten geben einfach zu früh auf. Wer eine Vision hat, muss zwar nicht zum Arzt gehen, wie das Helmut Schmidt einst Willy Brandt empfahl, aber Visionen haben eben viele und nur eine Vision zu haben reicht nicht aus. Ein langer Atem schon eher. Die amerikanische Psychologin Angela Duckworth trat in ihrem Bestseller *Grit – Die neue Formel zum Erfolg: Mit Begeisterung und Ausdauer ans Ziel* den Beweis an, dass Produktivität und gutes Gelingen weniger mit Talent, gutem Aussehen oder hohem IQ zu tun haben denn mit Langzeitzielen und der Erfahrung, nach dem Hinfallen auch wieder aufstehen zu können. Das Leben sei kein Sprint, sondern ein Marathon. Für einen Langlauf ist Ausdauer erforderlich. Und Ruhe. Im Sport weiß man längst um die Bedeutung der Regenerationsphase für Höchstleistungen. Erst die Pausen zwischen dem Zirkeltraining ermöglichen den optimalen Muskelaufbau. Man darf nicht täglich ins Fitnessstudio gehen. Ausdauer bedarf der Karenz. Eine Zeitlang sah es so aus, als hätten erfolgsverwöhnte Unternehmen wie Google diese Regel verinnerlicht. Von Beginn an erlaubte dort die 20-Prozent-Regel allen Angestellten, jede Woche für ein Fünftel ihrer Arbeitszeit eine Auszeit zu nehmen. Eine Pause fernab der Arbeitslast, die Kreativität und innovatives Denken der Mitarbeiter befeuern sollte. Viele Unternehmen, nicht nur im Silicon Valley, haben dieses Erfolgsmodell übernommen. Schließlich entstanden dank der 20-Prozent-Regel ertragreiche Ableger wie Google News, Gmail oder der Werbedienst AdSense. Marissa Mayers, lange Zeit Vizepräsidentin von Google, stellte später hingegen klar, was das eigentliche »schmutzige kleine Geheimnis von Googles 20 % ist. Nämlich 120 %«. Die 20 Prozent sollten ohnehin immer nur darauf verwendet werden, einzig darüber nachzudenken, was Google am meisten Gewinn einfahren könne. Alle unter dieser Vorgabe freigeschaufelten Zeitfenster sollten keinesfalls innerhalb, sondern ausschließlich außerhalb der regulären Arbeitszeit liegen. Google ist übrigens erst seit 2004 an der Börse. Vielleicht sieht man Schwarze Schwäne vor allem dann nicht, wenn man selber mal einer war.

Ewigkeit

In einem Pariser Treppenhaus läuft Anne Thackeray an der geöffneten Wohnungstür einer Familie vorbei. Nach beendeter Mahlzeit sitzen dort die Kinder eines strenggläubigen protestantischen Pfarrers um den Esstisch versammelt. Thackeray war Mitte 20, als 1863 *The Story of Elizabeth* erschien. Immer wenn sie gefragt wurde, woher die Idee zu ihrem erfolgreichen Roman stamme, woher sie so viel über calvinistische Kirchenzucht und als gebürtige Londonerin so gut über Paris Bescheid wisse, führte sie diesen einen Augenblick an, diesen flüchtigen Eindruck bei ihrem Blick ins fremde Zimmer. Wir kennen diese Geschichte nur, weil sie Henry James über 20 Jahre nach Erscheinen des Romans in seinem Essay *The Art of Fiction* erwähnt. Zwar nennt er die Autorin »eine Frau von Genie«, ihm geht es aber bei der Schilderung von Thackerays Erlebnis um etwas anderes. Ein Schriftsteller, so James, solle einzig aus persönlicher Erfahrung schreiben. Wenn die Vorstellungskraft überaus erfindungsreich sei, dann genüge eben auch der kürzeste Augenblick zur tiefgreifenden Erkenntnis. Ein oberflächlicher Geist könne keinen guten Roman schreiben, der Schriftsteller muss in seiner Arbeit aufrichtig sein. Allerdings ist dafür nicht zwingend eine jahrelange Recherche nötig. Henry James selber war derart produktiv, dass ihm dazu ohnehin die Zeit gefehlt hätte. Neben knapp zwei Dutzend Romanen, hunderten Kurzgeschichten, zahlreichen Sachbüchern, Biographien, Reiseliteratur und theoretischen Schriften über Kunst und Dichtung hinterließ er über 10 000 Briefe. Als er gegen Ende seines Lebens Anfang des letzten Jahrhunderts seine eigenen Erzählungen und Romane bei einem New Yorker Verlag neu herausbringt, geht er in den dafür verfassten Vorworten wieder auf das Thema der persönlichen Erfahrung als Ausgangspunkt aller Erzählkunst ein. Er spricht von einem »Samen«, einem »Partikel« oder dem »Körnchen Gold«. Nur ein paar zufällig bei einem Dinner aufgeschnappte Wörter könnten völlig ausreichen, um aus dieser »Essenz« heraus Hunderte von Seiten zu entspinnen. Auch Shakespeare wusste um die Bedeutung dessen, was James als »Keim« bezeichnete, wenn er Hamlet sagen lässt: »Ich könnte in eine Nussschale eingesperrt sein und mich für einen König von unermesslichem Gebiete halten«. Beide, James und Shakespeare, zaubern aus dem Mikrokosmos einen Makrokosmos, aus dem Fragment das Ganze.

James Joyce trieben bei der Schaffung seiner Charaktere ähnliche Gedanken um. Er bediente sich dabei des christlichen Begriffs der Epiphanie, also der Erscheinung Gottes als Mensch. Bei Joyce umschreibt der Ausdruck das plötzliche Gewahren einer überraschenden Erkenntnis, die augenblickliche Offenbarung des wirklichen Charakters eines Menschen. Niemand hat diese Idee lange vor Joyce besser in nur wenigen Zeilen erfasst als Fjodor Dostojewskij in seinem Roman »Verbrechen und Strafe«. Übrigens wieder eine Szene, die sich in einem Treppenhaus abspielt: Hier allerdings wird sich Rasumichin mit einem Mal bewusst, dass sein Studienfreund Raskolnikow den Doppelmord an zwei alten Frauen tatsächlich begangen hat: »Im Korridor war es dunkel: sie standen in der Nähe einer Lampe. Etwa eine Minute lang sahen sie einander schweigend an. Rasumichin erinnerte sich sein ganzes Leben lang an diese Minute. Der brennende und bohrende Blick Raskolnikows schien ihm mit jedem Augenblick intensiver zu werden, drang in seine Seele, in sein Bewusstsein. Plötzlich erschauerte Rasumichin. Es war, als huschte etwas Seltsames zwischen ihnen hindurch. Ein Gedanke glitt vorüber, eine Art Ahnung: etwas Unheimliches, Ungeheures, auf einmal von beiden Gewusstes … Rasumichin wurde leichenblass«. Shakespeare, James, Dostojewskij, Joyce: Sie alle erschaffen aus dem Augenblick heraus Welten und noch aus dem kleinsten Raum Unendliches. Aufschub und Verzögerung sind ihnen fremd. »Fort, dass wir müßig nicht die Zeit versitzen: / Die Stunde, die noch unser, lasst uns nützen«, lässt Shakespeare programmatisch König Ferdinand von Navarra in der Komödie *Verlorene Liebesmüh* sagen. Er machte sich dabei keine Illusionen über den begrenzten Verbleib des Einzelnen auf Erden. Die Dauer eines Menschenlebens bedeutete Shakespeare nicht sonderlich viel – genauso wenig dessen Leistungen, egal, was er Außerordentliches zu erreichen meint. Es ist Macbeth, der seine Gedanken dazu ausspricht: »Leben ist nur ein wandelnd Schattenbild, / Ein armer Komödiant, der spreizt und knirscht / Sein Stündchen auf der Bühn' und dann nicht mehr / Vernommen wird; ein Märchen ists, erzählt / Von einem Idioten / voll Klang und Wut, / Das nichts bedeutet.«

Macbeths Worten eingedenk treiben Shakespeare dennoch Gedanken an die Ewigkeit um. Damit ist er unter seinen Kollegen mitnichten allein. Schon im frühen 14. Jahrhundert unterschied Dante Alighieri in seiner *Göttlichen Komödie* zwischen der Ewigkeit des Paradieses und der Ewigkeit der Hölle. Steht sie in der Hölle für nie endende Qualen, bedeutet sie im Paradies die immerwährende Gegenwart jenes Augenblicks, den Goethes *Faust* im Pakt mit dem Teufel beschwor »Verweile doch! Du bist so schön!« Auch Shakespeare möchte mit den Zeilen eines Liebesgedichts vermeiden, dass die Anmut der Angebeteten je vergehe (oder die *des* Angebeteten – hier ist sich die Forschung uneins) – nur die Worte selbst überdauern schließlich die physische Schönheit. Dergestalt endet sein berühmtes Sonett: »Dein ew'ger Sommer doch soll nie verrinnen, / Nie fliehn die Schönheit, die dir eigen ist, / Nie kann der Tod Macht über dich gewinnen, / Wenn du in meinem Lied unsterblich bist! / Solange Menschen atmen, Augen sehn, / Lebt mein Gesang und schützt dich vor Vergehn!« Was die Ewigkeit selbst anbelangt, so gibt es in der Literatur keine anschaulichere Schilderung als jene in Joyce' *Porträt des Künstlers als junger Mann* von 1916. Der gestrenge Lateinlehrer Vater Arnall verstört seine Schüler mit einer Predigt über die Verdammnis und die Ewigkeit. Er fordert sie auf, sich einen gigantischen Berg aus Sand vor Augen zu führen, der aus den Tiefen der Erde bis an den Himmel reicht. Dann sollen sie die Zahl der Sandkörner mit der Zahl der Blätter, Wassertropfen, Vogelfedern, überhaupt der Atome multiplizieren, die Gottes Schöpfung hervorgebracht hat. Und nun sollen sie sich vorstellen, »daß am Ende jedes millionsten Jahrs ein kleiner Vogel an diesen Berg käme und in seinem Schnabel ein winziges Körnchen dieses Sands davontrüge. Wieviele Millionen und Abermillionen von Jahrhunderten würden vergehen, bis dieser Vogel auch nur einen Quadratfuß dieses Berges abgetragen hätte, wieviele Äonen und Aberäonen von Zeitaltern, bis er ihn ganz abgetragen hätte. Doch am Ende dieser unermeßlichen Zeitspanne könnte man nicht sagen, daß auch nur ein Augenblick der Ewigkeit vorüber wäre. Am Ende all dieser Billionen und Trillionen von Jahren hätte die Ewigkeit kaum erst begonnen. Und wenn dieser Berg noch einmal aufstiege, nachdem er gänzlich abgetragen wäre, und wenn der Vogel noch einmal käme und ihn noch einmal gänzlich, Körnchen um Körnchen, abtrüge: und wenn er solcherart so viele Male aufstiege und versänke als da Sterne am Himmel sind, Atome in der Luft, Tropfen Wassers im Meer, Blätter an den Bäumen, Federn auf Vögeln, Schuppen auf Fischen, Haare auf Tieren, am Ende all diesen unzähligen Steigens und Sinkens jenes unermeßlich weiten Bergs könnte man nicht sagen, daß auch nur ein einziger Augenblick der Ewigkeit vorüber wäre.«

Pechtropfen

Jahrmärkte, Rummelplätze, Fahrgeschäfte. Lange vor Radio, Kino, Fernsehen, Internet und Social Media gab es die Kirmes als Bespaßung und Zeitvertreib. Aus heutiger Sicht boten die Volksfeste nicht selten fragwürdige Vergnügungen. Den Kolonien Afrikas raubte man noch zu Beginn des 20. Jahrhunderts ganze Dörfer samt Einwohnern und stellte sie unter dem Vorwand eines ethnographischen Bildungsauftrags zur Schau. Freak Shows und Kuriositätenkabinette präsentierten in voyeuristischem Setting unverhohlen Menschen mit Behinderungen und Anomalien. Die Verballhornung jeglichen Wissens ließ derweil nicht lange auf sich warten. Können Wunderkammern und die daraus entstandenen öffentlichen Museen in Europa auf eine Geschichte von einem halben Jahrtausend zurückblicken, so fand sich deren sinnentleerte Variante später auch zwischen Budenzauber, Gauklern und Schaustellerbetrieben wieder. Im Archiv des Komikers Karl Valentin ist ein vierseitiger *Führer durchs Bauern-Museum* aufbewahrt, wie es auf dem Oktoberfest 1911 zu besuchen war. »Wer koan Spaß versteht, der soll do net einhergeh'« war das Motto der Ausstellung, die in zwei Abteilungen insgesamt 61 Exponate zeigte. Zu sehen sind unter anderem »Die Bank von Monte Carlo«, »Ein alter Besen«, die »Mona Lisa, das gestohlene Gemälde aus dem Pariser Museum Louvre«, »Die Laterne, womit die elftausend Jungfrauen ihre Unschuld suchten« und »Eine alte Schraube«. In München hatten parodistische oder humoristische Kunstausstellungen spätestens seit der Mitte des 19. Jahrhunderts Tradition. Mit viel Wortwitz nahmen sie etwa die alljährlichen Industriegewerbeschauen auf die Schippe. Die Führer bewarben entsprechend »Altes Eisen, bestehend in Bundesjungfern, jungen Witwen, Künstlerinnen, u. s. w., u. s. w., u. s. w.« oder »Pech aus allen Teilen Deutschlands, politisches und literarisches«.

Bleiben wir beim Pech. Fernab von übertragenen Bedeutungen und Sprichwörtern, wie wir sie auch von den Pechvögeln oder vom »Zwei wie Pech und Schwefel« enger Freundschaften kennen, lohnt der wortwörtliche Blick auf Material und Konsistenz. Die teerartige Substanz wird vom Menschen seit zehntausenden Jahren genutzt und soll laut Bibel beim Bau der Arche Noah genauso nützlich gewesen sein wie für den Turmbau zu Babel. Bei Zimmertemperatur ist Pech von der Härte her kaum von einem Stein zu unterscheiden, dabei aber eben nicht steinhart, sondern nur zwei Millionen mal zähflüssiger als Honig. Um genau dies nachzuweisen, füllte 1927 der Physikprofessor Thomas Parnell an der University of Queensland in Brisbane, Australien, heißes Pech in einen Trichter. Den versiegelte er und ließ das Material darin zunächst drei Jahre lang abkühlen, bevor er es auf einem Gestell über einem Glasbehältnis positionierte. Parnell wollte zeigen, dass Substanzen, die man zu kennen glaubt, tatsächlich anders als allgemein angenommen agieren können. Zwischen 1930 und 2014 sind neun Pechtropfen aus dem Trichterende ins Glas gefallen. Seitdem man in Brisbane 1988 Klimaanlagen installierte, haben sich die Intervalle zwischen den Tropfen von etwa acht auf über 12 Jahre verlängert. Was den Forschern des laut *Guinness-Buch* »am längsten andauernden Laborexperiments« womöglich weniger Sorgen bereitet als den Kollegen des Dubliner Trinity College. Hier wurde im Dunstkreis des irischen Physiknobelpreisträgers Ernest Walton 1944 eine ganz ähnliche Versuchsanordnung zur langfristigen Beobachtung aufgebaut. Und im Gegensatz zum australischen Original gelang es, am Nachmittag des elften Juli 2013 um 17 Uhr das tatsächliche Abtropfen des Pechs zu filmen. Im Zeitraffer auf YouTube haben sich das bislang viele Millionen Menschen angeschaut, von der *Wall Street Journal* zur *Times of India* wurde weltweit ausführlich über das Ereignis berichtet. Gibt es nun ein Wettrennen um den nächsten Tropfenfall zwischen Irland und Australien? Einen Wettstreit um Bedeutungshoheit und Aufmerksamkeit zwischen Kopie und Original? »Als der Tropfen fiel, ging unser allererster Anruf an die Kollegen aus Brisbane. Sie sollten es von uns als Erstes und nicht erst aus den Medien erfahren«, berichtet Shane Bergin, Professor für Science Education am University College Dublin, ganz so, als würde hier die Trennung von Hollywoodstars verhandelt. Er rechnet mit dem nächsten Tropfen irgendwann zwischen 2022 und 2024. In Brisbane hat sich hingegen am unteren Ende des Trichterhalses bereits ein runder Wulst gebildet. Nach vorsichtiger Schätzung geht man hier vom nunmehr zehnten Tropfenfall noch vor 2026 aus. Wer auch immer dafür die Zeit mitbringt, es bleibt spannend.

In Dublin verstaubte das Pechtropfenexperiment jahrzehntelang in den Regalen einer Abstellkammer. Heute wird der Trichter in der Bibliothek der Universität öffentlich ausgestellt, in unmittelbarer Nähe zum *Book of Kells*, dem irischen Nationalheiligtum aus dem achten Jahrhundert. Brisbane hat indes mit einem Live Video Stream nachgelegt, den über 35 000 Menschen aus 160 Ländern abonniert haben. »Mit Sicherheit das Langweiligste, was man sich im Internet anschauen kann,« freut sich Andrew White, Direktor des dortigen Centre for Engineered Quantum Physics und damit auch für das Wohlergehen der Pechtropfen verantwortlich. Dort wird das Gerät von 1927 prominent im Eingangsbereich eines nach seinem Erbauer Parnell benannten Gebäudes für alle zugänglich in einer Vitrine präsentiert. Im Gegensatz zu Dublin sind hier alle vorherigen Tropfen in einem daneben ausgestellten Behältnis zu sehen. »Besucher aus der ganzen Welt reagieren sehr emotional. Der erste Tropfen ist noch aus der Zeit ihrer Ur- oder Ururgroßväter, der letzte fiel vielleicht, als sie selber noch zur Schule gingen,« erzählt White stolz. »Und das Aufregendste ist, dass sich Australien mit 6,8 Zentimetern im Jahr nordwärts verschiebt. Wir sind der schnellste aller Kontinente. Und damit bewegt sich die Erde unter unseren Füßen zehnmal zügiger als das Pech, das wir uns währenddessen anschauen.«

Wem das alles noch viel zu schnell geht, der wird in der Kunsthalle Hamburg fündig. Dort stellt der Künstler Bogomir Ecker seit Dezember 1996 seine *Tropfsteinmaschine* aus. Die Skulptur erstreckt sich über alle Stockwerke und soll gemäß einer Vereinbarung mit der Stadt Hamburg bis 2496 installiert bleiben. Auf dem Dach aufgefangener Regen lässt im ersten Stock Grünlilien gedeihen, durch deren kalkige Erde das Wasser in ein keramisches Kapillarsystem weitergeleitet wird. In einer Kellerkammer des Hauses sollen sich hier ein halbes Jahrtausend lang ein künstlich von unten nach oben wachsender Stalagmit und ein von oben nach unten wachsender Stalagtit aufeinander zubewegen. Bis dahin kann man während der Öffnungszeiten alle drei Minuten und zehn Sekunden einen kleinen Tropfen dabei beobachten, wie er aus einem Rohr in der Decke auf eine erschütterungsfrei gelagerte Steinplatte am Boden fällt.

Nachhaltigkeit

Die älteste Stuhlmanufaktur der Schweiz wurde 1880 in Horgen bei Zürich gegründet. Von den dort heute verwendeten Bäumen wurden viele zu eben dieser Zeit gepflanzt. Buche und Eiche, Edelhölzer wie Schwarznuss, Esche und Kirschbaum aus dem Schweizer Jura werden zudem seit knapp einem Jahrhundert von ein und demselben Familienbetrieb bezogen. Erfolgreiches Forstwesen beruht auf Nachhaltigkeit. Der heute seit Jahren vor allem in der Betriebswirtschaft inflationär gebrauchte Begriff hat hier seinen Ursprung. Eine dauerhafte Nutzung von Waldflächen setzt stets voraus, dass ebenso viele Bäume gepflanzt wie gefällt werden. Der Anthropologe Gregory Bateson erzählte dem Althippie und Aktivisten Stewart Brand einmal die Geschichte von den massiven Eichenbalken an der Decke des Speisesaals im College of St. Mary der Oxford University. Der riesenhafte Essraum der 1379 gegründeten Lehranstalt ist jenem von Harry Potters Hogwarts nicht unähnlich. Zu Ende des 19. Jahrhunderts war jedoch das alte Holz von unzähligen Käfern befallen und musste dringend ersetzt werden. Die Universitätsverwaltung wandte sich schließlich an den Oberförster. Dieser wies den Behörden einen schmalen Weg durchs Gehölz zu einem kleinen Eichenwald inmitten der zur Oxford University gehörigen Ländereien. »Niemals werden diese Eichen gefällt. Die sind für den Speisesaal bestimmt«, hatten die Waldhüter wohl über ein halbes Jahrtausend hinweg einander mündlich weitergegeben. Auch als Architekten für den englischen Adel zu Beginn des 18. Jahrhunderts Landsitze erbauten, drückten sie in unmittelbarer Nähe mit ihren Daumen nicht selten Samen in den feuchten Erdboden. Im Wissen darum, dass die Stämme der in Hunderten von Jahren aus den Setzlingen erwachsenen Bäume irgendwann einmal den marode gewordenen, hölzernen Dachstuhl des Haupthauses ersetzen würden.

»Nach 2000 Jahren Pflege wird mein Rasen recht annehmbar sein«, lässt René Goscinny in *Asterix bei den Briten* ausgerechnet einen Engländer sagen, der mit einer Miniatursichel vor seinem Reetdachhaus einen einzigen Grashalm trimmt. Doch Gärten, Wälder und Anwesen hatten neben einer ästhetischen Funktion stets auch eine ökonomische. Der Handel mit Holz, Pflanzen, Obst, Gemüse und Blumen ist lukrativ. Heute gelten Wälder zudem als Naherholungsgebiete und dem weltweiten Tourismus als Kapital, weswegen man etwa in Schottland ganz bewusst mit einer gezielten Aufforstung die Landschaft für internationale Besucher attraktiver zu gestalten bemüht ist. Im Zuge dessen wurde 2002 der Künstler Olaf Nicolai von der schottischen Forstbehörde mit einer Auftragsarbeit betreut, für die dieser verfügte, dass das Holz einer Anzahl gefällter Bäume im Tal von Trossachs für die Herstellung von wetterfesten Sturmstreichhölzern verwendet werden soll, wie man sie im Norden Englands etwa für das Grillen im Freien verwendet. Beim Erwerb einer Schachtel trugen die Käufer wiederum dazu bei, dass für jeden bei dieser Aktion abgeholzten Baum zwei neue Birken oder Waldkiefern im Zuge der Bewaldung Schottlands gepflanzt würden. Nachhaltige Forst- wie Landwirtschaft baut stets für die nächsten Generationen an. Dass der Anspruch nach einem natürlichen Gleichgewicht keineswegs überall Berücksichtigung findet, ist leider bekannt. Von der Entwaldung Italiens in römischer Zeit bis hin zur heutigen Brandrodung der Regenwälder beutet der Mensch die Natur aus, statt dass er Verantwortung für deren Regeneration übernimmt. Wer einen Samenkern im Boden vergräbt, der denkt zwangsläufig an die Zukunft, ob sich diese nun als Dystopie oder Utopie darstellt. »Wenn ich wüsste, dass morgen die Welt unterginge, würde ich heute noch mein Apfelbäumchen pflanzen.« Ob Luthers berühmtestes Zitat tatsächlich von ihm stammt, ist genau so wenig belegt wie die Quelle des Spruches: »Wer Bäume setzt, obwohl er weiß, dass er nie in ihrem Schatten sitzen wird, hat zumindest angefangen, den Sinn des Lebens zu begreifen.« Ein griechisches Sprichwort, der Lehrsatz eines amerikanischen Quäkers oder nicht doch ein Bonmot des indischen Schriftsteller Rabindranath Tagore? Verbucht ist indes eine Aussage René Descartes', der bereits 1637 in seinem *Discours de la méthode* über die Notwendigkeit übergenerationellen Handelns und Denkens schrieb. »Denn so wahr es ist, dass jeder Mensch verpflichtet ist, das Wohl der anderen zu befördern soweit er kann, und dass niemandem nützlich zu sein, fast schon dasselbe ist, wie ganz wertlos zu sein, so wahr ist es andererseits auch, dass sich unsere Sorge über die gegenwärtige Zeit hinaus erstrecken muss. Deshalb ist es gut, Dinge zu unterlassen, die vielleicht den Lebenden Gewinn brächten, wenn es in der Absicht geschieht, andere zu tun, die unseren Enkeln noch mehr einbringen.« Descartes bezog sich hier vornehmlich auf sein eigenes geistiges Erbe, aber seine langfristige Denkart macht deutlich, dass sich Nachhaltigkeit eben nicht nur auf natürlich nachwachsende Materialien beschränken muss. Auch Baron Feversham von Duncombe Park lenkte an einem regnerischen Tag am Ende des vergangenen Jahrtausends mit seinem Zeigefinger den Blick einer auf seinem Landgut flanierenden Studentengruppe auf ein frisch mit Blei gedecktes Dach seines Anwesens von 1713: »Es gibt drei Qualitäten von Bleiblech auf dem Markt. Das billige Blech hält 50 Jahre, das mittelteure 100 Jahre und das ganz teure 200 Jahre. *I am a poor man – so of course I buy the best quality as it is the cheapest per year!«*

Immer in Gedanken an die Ressourcenknappheit ist es daher umso erstaunlicher, dass viele Waren unserer Konsumgesellschaft mit Sollbruchstellen feilgeboten und Produkte von ihrer Konstruktion her ganz bewusst nicht mehr reparaturfähig entwickelt werden, um einen möglichst zügigen Neuerwerb zu befördern. Genauso wenig sind die verwendeten Materialien wiederverwertbar. 10 000 Jahre Selbstverständnis in der Beziehung zwischen Mensch und

Objekt wurden so in den vergangenen 100 Jahren sukzessive und weitestgehend aufgekündigt. Ähnliches gilt für die Architektur. Im Bauwesen hat man die Planung von der Ausführung getrennt. Der Architekt muss sich nicht mehr um das Morgen sorgen. Möglichkeiten zur Reparatur sind in Zeiten von Verklebung und ausgeschäumten Hohlräumen kein Kriterium mehr, weiß die Schweizer Denkmalpflegerin und Architekturprofessorin Silke Langenberg, die ihr Buch *Reparatur: Anstiftung zum Denken und Machen* auch als ökonomischen wie ökologischen Appell für das Recyceln verstanden wissen will. Originalsubstanz lässt sich zudem kaum erhalten, wenn der Zugang zu den Konstruktionspunkten eines Gebäudes nicht mehr möglich ist. Die Wegwerfmentalität der Überflussgesellschaft baut nicht mit dem Anspruch auf Ewigkeit. Verrottende Ödländer und Brachflächen ehemaliger für Olympische Spiele oder Weltausstellungen genutzter Standorte sind nur die augenscheinlichsten Beispiele dafür. Architekten planen Häuser für Abschreibungszeiträume und nicht für Generationen. In Megacitys und Metropolen hat sich der Mensch derweil in selbst erbauten Bollwerken wider die Natur verschanzt. Das Angebot von Obst und Gemüse in den Supermärkten ist kaum mehr saisonal bedingt. Künstliches Licht macht den Unterschied von Tag und Nacht genauso obsolet wie Klimaanlagen und Heizungen die Jahreszeiten. Gewiss, es gibt das *Maker's Movement*, *Do-it-Yourself*-Bewegungen und -Subkulturen, die für viele bereits das Zeitalter einer weiteren industriellen Revolution einläuten, in der nachhaltige, kommunale und gemeinnützige Überlegungen Städteplanung, Herstellungsprozesse und Warenwelt definieren. Unserer zunehmenden Verstädterung zum Trotz bauen verantwortungsvolle Architekten *Sustainable Cities* und *Smart Homes*, die sich wieder zu 100 Prozent aus erneuerbaren Energien speisen und uns auch in der Großstadt wieder mehr in Einklang mit der Natur und unseren Mitmenschen leben lassen sollen. Denn im zwischenmenschlichen Bereich bedeutet Nachhaltigkeit nichts anderes als die Tiefe unserer Beziehungen, die sich aus Gedankenaustausch und wachsender Vertrautheit speist. Eben diesen Anspruch formulierte der Architekturkritiker und Soziologe Lewis Mumford 1937 in seinem Essay *What is a City?*. Wird die ganze Welt zur Stadt, dann darf diese die menschliche Interaktion nicht ersetzen, sondern muss sie ermöglichen und bestenfalls bestärken. Wie ganz zu Beginn die Wälder, die Höhlen und die Steppe so kann in unserem postindustriellen Zeitalter auch die Architektur der Großstadt im besten Fall eine nachhaltig gestaltete Bühne für unser gesellschaftliches Schauspiel bieten.

1000 Jahre
sind ein Tag

Jeff Bezos, Gründer und CEO von Amazon, ist laut Forbes mit einem Vermögen von 112 Milliarden Dollar seit 2018 der reichste Mann der Welt. Vor vielen Jahren hat die *New York Times* einmal berechnet, dass man mit verfügbaren Mitteln von fünf Milliarden Dollar alles, aber wirklich alles kaufen kann. Eine Football-Mannschaft, die längste Yacht der Welt, die dann länger ist als die vormals längste Yacht der Welt, einen Flug zum Mond. Nichts, was man sich nicht leisten könnte. Warum soll man sich also mit einer Breguet & Fils 2667 von 1814, einem Patek Philippe 18 k Gold Chronograph von 1943 oder einer Rolex Unicorn von 1971 zufriedengeben, die auf Auktionen weit unter 10 Millionen Dollar aufgerufen werden, wenn man für geschätzte 42 Millionen Dollar auch seinen eigenen Zeitmesser in Auftrag geben kann? Selbst wenn das Unikat nach Fertigstellung mit über 150 Meter Höhe dann weniger fürs Handgelenk taugt. Genau so etwas lässt sich Jeff Bezos gerade bauen. *The Clock of the Long Now* soll als »Symbol und Ikone für langfristiges Denken« 10 000 Jahre lang die Zeit anzeigen: mechanisch angetrieben und mit riesenhaften Zahnrädern versehen, ohne Wartungsanleitung und aus Materialien geschaffen, die für zukünftige Plünderer nicht attraktiv sein sollen. Bezos setzt damit eine Idee des Erfinders und Computeringenieurs Daniel Hills von 1986 um. Als kreativer Think Tank für dauerhaft angelegte Vorhaben und Langzeitarchivierung betreut die gemeinnützige *Long Now Foundation* in San Francisco das Projekt. Der britische Musiker Brian Eno hat nicht nur den Klang für die 10 000-Jahre-Uhr entwickelt, sondern auch den Begriff des *Long Now* erfunden, den er gegen das allzu beschleunigte Zeitalter des *Short Now* positioniert. Aller hehren Grundsätze zum Trotz klingt *Long Now* vom Namen her aber doch eher unschlüssig. Was denn nun – Langfristigkeit oder Gegenwart? Stürzt sich nicht die Zukunft durch das Jetzt in die Vergangenheit und ist das ins Unendliche verlängerte Jetzt denn kein fürchterlicher Gedanke? Die »totale Diktatur der Gegenwart« nennt Richard David Precht unsere Epoche der Geschichtsvergessenheit, die weder Traditionen kennt noch Utopien denken will. Die Geschichtswissenschaft spricht aus gutem Grund von der *longue durée*, der langen Dauer, als einem zum Verständnis unserer Historie wichtigem Forschungsansatz. Im *Long Now* geht dieser Gedanke verloren. Erst die langfristige und beständige Untersuchung der Zeitläufte macht gesellschaftliche, politische, kulturelle und wirtschaftliche Grundstrukturen erkennbar.

Jahrtausendelang orientierte sich der Mensch zudem am Rhythmus der Natur, was für die wichtigsten Bauwerke und Kultstätten weltweit galt, ob Stonehenge nach Winter-

und Sommersonnenwende ausgerichtet wurde oder die Kukalcán Pyramide von Chichén Itzá nach der Tagundnachtgleiche. Das Angelusläuten der Kirchturmglocken etwa gab seit dem Spätmittelalter in Europa den Tagesablauf für die Feldarbeit von Bauern und Bäuerinnen vor, Sonnenuhren prägten den Lauf der Dinge von der Antike noch bis ins 19. Jahrhundert hinein. Erst mit der Erfindung der mechanischen Uhr begann die Taktung jeglichen auch noch so kleinen Ablaufs. Der amerikanische Ingenieur Frederick W. Taylor kalkulierte in den 1880er Jahre mit seinen *Time Studies* über Stoppuhren die Arbeit der Menschen nach den gleichen Effizienzkriterien wie jene von Maschinen. »Man denkt mit der Uhr in der Hand, wie man zu Mittag isst, das Auge auf das Börsenblatt gerichtet, – man lebt wie einer, der fortwährend etwas ›versäumen könnte‹«, schreibt Friedrich Nietzsche in *Die fröhliche Wissenschaft*, als sei ihm das ganze Elend des erst mit den Sozialen Netzwerken aufgekommenen Phänomens der *FOMO* – »Fear Of Missing Out« oder eben die Angst, etwas zu verpassen – bereits hinlänglich bekannt gewesen. Aber Nietzsche beklagt noch etwas anderes: »Die eigentliche Tugend ist jetzt, etwas in weniger Zeit zu tun als ein anderer.« Bei den Olympischen Winterspielen im russischen Sotschi 2014 lagen im Eisschnelllauf über 1500 Meter drei Tausendstel Sekunden zwischen Gold- und Silbermedaille. Attosekunden wiederum sind der millionste Teil eines millionsten Teils einer millionstel Sekunde, deren Messung in der Lasertechnologie zum Verständnis atomarer Grundbausteine zum Einsatz kommt. Nur wohin führt das? »Zeit. Zeit. Zeit. Mit der

Zeit kommen die Menschen immer noch am wenigsten zurecht«, schrieb Botho Strauß in seinem Roman *Der junge Mann* und fordert andere Uhren, »welche uns befreien von dem alten sturen Vorwärts-Zeiger-Sinn. Wir brauchen Schaltkreise, die zwischen dem Einst und Jetzt geschlossen sind.« Die Poesie dieser Schaltkreise hat Charles Baudelaire uns einmal aufgezeigt, als er in dem Gedicht »Les Phares« aus seinen *Blumen des Bösen* von Rubens bis Michelangelo und von Goya bis Delacroix all jene Maler aufzählt, mit denen er in beständigem Zwiegespräch steht. Wie Leuchttürme entlang der nächtlichen Küste kann man, Schrift und Bild sei Dank, den tiefgründigen Austausch, reich an Erkenntnissen, mit anderen, längst verstorbenen Menschen durch Jahrhunderte und Jahrtausende hindurch jederzeit aufnehmen.

»Was ist Zeit? Ein Augenblick, ein Stundenschlag, 1000 Jahre sind ein Tag«, sang Ende der 70er Jahre Udo Jürgens im Titelsong der TV-Comicserie *Es war einmal der Mensch*. Rechnet man von heute ab nicht bis zum Verfallsdatum der *Clock of the Long Now*, sondern stattdessen 10 000 Jahre zurück, dann starben nach dem Ende der letzten Eiszeit zu Beginn des Holozän gerade das Mammut, das Wollnashorn, der Säbelzahntiger und der Höhlenlöwe aus. Keine 3000 Jahre ist es indes her, dass siegreich aus der Schlacht zurückgekehrten Heerführern bei ihrem Triumphzug durchs alte Rom ein hinter ihnen stehender Sklave einen Lorbeerkranz über das Haupt hielt und dem Oberbefehlshaber fortwährend ein leises »Memento moriendum esse!« zuraunte. »Bedenke, dass du sterben musst! Bedenke, dass du sterben musst! Bedenke, dass du sterben musst!« Bezos' Uhr soll nach Fertigstellung tief in einem Stollen der Sierra Diablo Mountains im Westen von Texas bis auf ein mittägliches Glockenspiel nur ein einziges Mal im Jahr ticken, so dass man selbst ein Flüstern fast immer vernähme.

Kirschblüten

Über Zeit und über Dinge von Dauer kann man nicht schreiben, ohne nicht auch über Japan zu schreiben. So Zahlreiches und Vielfältiges gibt es hier zu berichten, dass man sich davor hüten muss, zu viel von alldem zu erzählen, gerade wenn es doch die Ruhe ist, die einen leiten soll, das stille Ausatmen der Besinnlichkeit und weniger das schnelle Einatmen des Erstaunens. Nur: Wo soll man einen Anfang finden? Und wo ein Ende? Wir beginnen bei den Kirschblüten. Solange man sich überall in Japan beim traditionellen *Hanami* alljährlich an der Schönheit der Nationalpflanze erfreut und unter dem Firmament der mit Zartrosa übersäten Zweige seine Picknickdecken ausbreitet, um den Beginn des Frühlings zu feiern, so lange bereits wird in der alten Kaiserstadt Kyoto der genaue Tag des ersten Erblühens der Kirschbäume notiert. Im achten Jahrhundert hat man damit begonnen und bis heute sind die Aufzeichnungen erhalten. Mittlerweile gelten sie als historische Dokumente, aus denen Klimaforscher und Meteorologen etwa erfahren, dass die Kirschblüte seit 1971 gegenüber den vorangegangen 1300 Jahren im Durchschnitt um eine Woche früher, nämlich schon Anfang April, stattfindet. Im Direktvergleich verblasst die ansonsten durchaus ansehnliche Dauer der in Europa und den USA durchgeführten Agrar- und Botanikexperimente, wie etwa dem Ewigen Roggenanbau in einem riesigen Feld bei Halle an der Saale, wo seit Herbst 1878 ununterbrochen die Langzeitwirkung unterschiedlicher Düngung untersucht wird. Nur ein Jahr später verbuddelte in den Vereinigten Staaten der Botaniker William James Beal im Botanischen Garten der Michigan State University 20 Flaschen mit dutzenden Samen verschiedenster Pflanzen, um deren Keimfähigkeit über einen langen Zeitraum hinweg zu testen. 2020 wird das nächste Behältnis geöffnet, der Versuch selbst wird im Jahr 2100 beendet sein. Doch schon sind wir abgeschweift von Japan. Bleiben wir also auf der Pazifikinsel, es gibt schließlich so viel von dort zu berichten. Allerdings hat das Abschweifen eben auch etwas mit der Zeitlosigkeit und der Ruhe dessen zu tun, womit wir Japan assoziieren. Das Ephemere, immer nur Vorübergehende, macht dessen Schönheit in so Vielem aus: etwa die Kirschblüte, die jedes Jahr in voller Pracht wiederkehrt. Oder die Fragilität und das Verletzliche, das Wissen darum, dass die Dinge nicht zu halten sind, woran die Freude am Moment begründet liegt.

Dem Besucher mag sich in der Hektik der Hochhausschluchten Tokyos, mit knapp 40 Millionen Einwohnern eine der am dichtesten besiedelten Regionen der Erde, all dies nicht gleich erschließen. Man sollte sich aber vom Knallbunt und Dröhnen der Popkultur nicht ablenken lassen. Wer suchet, der findet. Ruhe. Auch mittendrin. Etwa in der Abgeschiedenheit des um einen Meji-Schrein angelegten Parks im Stadtteil Shibuya. Oder beim Besuch des Steingartens der Tempelanlage Ryoan-ji, der im späten 15. Jahrhundert entstanden ist und sich heute inmitten der Millionenstadt Kyoto befindet. Ein Garten ohne Wasser, Pflanzen oder Bäume. 15 größere Steine ruhen in einem rechteckigen Kiesbett, das in meist parallelen Linien penibel geharkt ist. Aus jedem Blickwinkel lassen sich nie mehr als 14 von ihnen sehen. Die Zahl 15 steht im Buddhismus für Vollständigkeit, die natürlich im Hier und Jetzt kaum jemals zu erreichen ist. Und nur wenige Kilometer östlich findet sich der Zen-Tempel Ginkaku-ji, wo sich unweit des Silbernen Pavillons ein etwa zwei Meter hoher Sandhaufen in abgeflachter Kegelform aus der frühen Edo-Periode erhebt, der seit über 400 Jahren immer wieder in seine Form gebracht wird. Als in Europa Hexen verbrannt wurden und der Dreißigjährige Krieg wütete, als in Indien das Taj Mahal erbaut wurde, häufte man genau hier im Tempel bereits Sandkörner übereinander. *Kogetsu-dai* nennt man das fragile Gebilde, vielleicht symbolisiert es den Fuji, vielleicht ist es ein Ort zur Beobachtung des Mondes, so wie der Name in seiner Übersetzung nahelegt.

Ob Steingärten, Teezeremonie, das *Ukiyo-e* des japanischen Farbholzschnitts, die aufwändigen Blumenarrangements des *Ikebana*: all dies lässt würdevolle Anmut im Unvollkommenen zu und Harmonie im Weglassen. Nichts ist von Dauer, nichts lässt sich festhalten. *Mono no aware.* Alles ist vergänglich. Perfektion lässt sich nicht herstellen, sie kann immer nur über lange Zeiträume hinweg auf natürliche Art entstehen. Unvorhersehbares gilt es zuzulassen, auch Alterung, Verwitterung. Die Schönheit der Stille und die Anmut des Abgenutzten. Anspruchslosigkeit und Schlichtheit fernab von Protz und Klunker. In *Lob des Schattens* verteidigt der Schriftsteller Tanizaki Jun'ichirō in den 1930er Jahren die Dunkelheit gegen alles Grelle und Gleißende, gegen die weiße Keramik des Westens und ausgeleuchtete Winkel. »Sei es ein natürlicher Stein oder künstlich geschaffenes Gerät, es geht uns um einen von Trübungen gedämpften Glanz, der unfehlbar mit der Vorstellung der Alterspatina zusammenhängt. Man hört den Ausdruck ›Alterspatina‹ oder dergleichen oft, doch tatsächlich handelt es sich um den Glanz, der auf den Schweiß und Schmutz der Hände zurückzuführen ist. In China gibt es das Wort ›Handglanz‹, *shou tse*, in Japan das Wort ›Abgegriffenheit‹, *nare*; beide meinen den Glanz, der entsteht, wenn eine Stelle von Menschenhänden während langer Zeit angefasst, glatt gescheuert wird und die Ausdünstungen allmählich ins Material eindringen. Während die Abendländer den Schmutz radikal aufzudecken und zu entfernen trachten, konservieren ihn die Ostasiaten sorgfältig und ästhetisieren ihn, wie er ist. Wir lieben nun einmal Dinge mit Spuren von Menschenhänden, Lampenruß, Wind und Regen oder auch daran erinnernde Farbtönungen und Lichtwirkungen.«

Andy Warhol machte Anfang der 80er Jahre im japanischen Fernsehen Werbung für die Videokassetten der Firma TDK. Auf holprigem Japanisch zählte er einige Zwischenfarbtöne auf, um die Qualität der Kassetten zu preisen. Mit Jun'ichirōs Äußerungen hat das weniger zu tun als seine ausweichenden Bemerkungen gegenüber einer Fernsehmoderatorin beim Versuch, die Frage zu umschiffen, was genau denn eigentlich Pop Art sei. Da kommt Warhol darauf zu sprechen, dass sich die Wertigkeit eines Kunstwerks im Museum eben auch am Ausmaß der Abnutzung des Bodens unmittelbar davor ableiten ließe. Wie viele Menschen standen genau dort über Generationen hinweg in stiller Betrachtung? Die Abnutzung erhöht das Objekt, auf dem das Auge ruht, und Gebrauchsspuren veredeln die Gegenstände. Eben darin liegt die Schönheit Japans, fernab von jeglicher Arroganz und Selbstüberschätzung. Keine Sinnsurferei, die sich durch das Aufstellen von Buddhas manifestiert, von exotischer Deko im Haus – und im Garten ein Baumarkt-Ensemble aus Bambus, Kies, Ahorn und Steinlaternen. An weltlichen Dingen findet sich keinerlei Halt, aus dem Fluss der Zeit gibt es kein Entrinnen. Vor der Europäisierung am Ende des 19. Jahrhunderts gab es in Alt-Japan keine Minuten, und eine Stunde entsprach nach heutiger Rechnung derer zwei. Eine Stunde oder zwei, alles befindet sich im Wandel, und alles ist von kurzer Dauer, so wie die Kirschblüte. *Ichigo-ichie.* Damit bezeichnen Japaner den einen, seltenen und niemals wiederkehrenden Moment einer Begegnung, ein Moment, der sich nicht wiederholen lässt.

Und das stärkste der Gefühle, was macht die Liebe in alldem? Kann es sie denn geben, die Liebe auf den ersten Blick, wenn sich das Versprechen dieses Moments doch nie einlösen kann? Alte Schriften Japans belehren uns, dass es bisweilen der Geduld bedarf, bis sich die Liebe einstellt. Um das Jahr 1000 verfasste die Schriftstellerin und Kyotoer Hofdame Murasaki Shikibu ein Liebesepos, das vielen Literaturwissenschaftlern als der erste Roman überhaupt gilt. Die frühesten noch erhaltenen Schriftrollen der *Geschichte des Prinzen Genji* aus dem 12. Jahrhundert werden als Nationalheiligtümer in den Museen von Nagoya und Tokio aufbewahrt. Natürlich dreht sich alles um Mann und Frau. Oder im Falle von Genji um einen Mann und zahlreiche Frauen. Die Suche aber nach der richtigen Frau, der wahren Liebe, so mahnt Genjis Stallmeister in einem frühen Gespräch an, nimmt eine »sehr lange Zeit« in Anspruch. Vieles will wohl überlegt sein, und die wichtigsten Entscheidungen im allzu flüchtigen Leben bedürfen gleichwohl der Dauer und der Ausdauer. Ein ganzes Kapitel lässt Shikibu in ihrem Buch schließlich komplett leer. Mit *Kumogakure* oder »Wolkengeborgen« überschrieben, fällt es in die Zeit von Genjis Tod und umfasst etwa ein ganzes Jahrzehnt. Das Nichts zuzulassen bedarf nicht selten des größten Muts.

Epoche der Hast

Außer gänzlich in Vergessenheit zu geraten, kann einem großen Geist kaum Schlimmeres passieren, als in der Nachwelt vor allem anekdotisch weiterzuleben: Isaac Newton und sein Apfel, Martin Luther und sein Tintenfass, Sokrates und sein Schierlingsbecher, Diogenes und sein Fass, Kolumbus und sein Ei, van Gogh und sein Ohr. Besonders hart getroffen hat es in dieser Hinsicht Marcel Proust. Die letzten 13 Jahre seines Lebens schrieb er im Bett, die angezogenen Knie als Schreibtisch, den Jahrhundertroman *Auf der Suche nach der verlorenen Zeit*. 1871 geboren, wohnte er seit 1906 in einer Wohnung am Boulevard Haussmann, wo er 1909 mit seinem Werk begann. Er lebte nur noch für dieses Buch. Ab 1914 wird er Paris nie mehr und seine Schlafstätte kaum noch verlassen, bevor er 1922, wenige Monate vor seinem Tod, das Wort »Ende« unter die letzte Manuskriptseite setzt. Sieben Bände und weit über 5000 Seiten mit hunderten Charakteren umfasst Prousts Opus Magnum. Gleich am Ende des ersten Kapitels des ersten Bands verwendet Proust keine fünf Seiten darauf zu beschreiben, wie sich durch das Eintauchen eines dem gleichnamigen

Protagonisten von seiner Mutter gereichten Sandtörtchens in Lindenblütentee ein Glücksgefühl einstellt, das sich dem Öffnen der Pforten der Erinnerung verdankt, die mit dem allumfassenden Wiederauferstehen der längst verloren geglaubten Zeit seiner Kindheit einhergeht. Nicht mehr. Mehr braucht es nicht, um Proust für immer auf die französische Feinbackware Madeleine zu reduzieren und ihn, Fotos und Gemälde sind Beweis genug, für ein verwöhntes Muttersöhnchen zu halten, für einen Dandy überdies, für einen kränkelnden Salonlöwen und Hypochonder, über den man kaum mehr zu wissen müssen glaubt als seine Vorliebe für Madeleines. Nicht wenige brüsten sich sogar damit, ihn nie gelesen zu haben. Indes erzeugt die Gleichsetzung des Helden der *Suche nach der verlorenen Zeit* mit dem Autor bei jenen, die das Werk kennen und wertschätzen, eine oftmals ungesunde Nähe. Spekulationen und Mutmaßungen haben scheinbar noch das letzte Geheimnis in Prousts Biographie gelüftet. Besonders findige Köpfe behaupten sogar herausgefunden zu haben, wie Proust zum Orgasmus kam.

Lange geschwiegen dagegen hat die ehemalige Haushälterin Céleste Albaret, über ein halbes Jahrhundert lang nach Prousts Tod. Bis sie 1973 in hohem Alter *Monsieur Proust* veröffentlichte, in dessen Dienst sie mit 22 Jahren trat, von 1914 bis zu seinem Tod. In ihren Memoiren, denen etwa 70 Stunden Tonbandaufzeichnungen im Zeitraum von fünf Monaten zugrunde liegen, spricht sie mit der »Stimme des Herzens«, wie ihr Gesprächspartner Georges Belmont im Vorwort schreibt. Warum sie ihr Schweigen wenden sich daher denn auch vom Schreiben ab! Wie viele Verpflichtungen nimmt man nicht auf sich, um gerade dieser einen zu entrinnen? Jedes Ereignis hatte den Schriftstellern andere Entschuldigungen geliefert, um nur jenes Buch nicht entziffern zu müssen. Sie hatten keine Zeit, an die Literatur zu denken. Doch das waren nur Ausflüchte. Das Gefühl nämlich diktiert die Pflicht, der Verstand aber liefert die Vorwände, sich ihr zu entziehen. Nur gelten in der Kunst keine Entschuldigungen, Absichten zählen in ihr nicht; in jedem Augenblick muss der Künstler auf sein Gefühl lauschen, daher aber nun ist die Kunst das Wirklichste, was es gibt, die strengste Schule und das wahre jüngste Gericht.«

Proust als Ratgeber? Der englische Schriftsteller Alain de Botton extrahierte in seinem Büchlein »Wie Proust Ihr Leben verändern kann« Lebensweisheiten aus dem Werk des Autors, ein ganzes Kapitel darin ist mit »Wie man sich Zeit nimmt« betitelt. Botton erwähnt gleich eine Hürde für die Leserschaft, nämlich die »enorme Länge einzelner Proust-Sätze«, von denen der längste, würde man die Zeilen aneinanderkleben, »knapp vier Meter lang wäre«, sich also »siebzehn Mal um den Bauch einer Weinflasche wickeln ließe«. Dass Proust und die Leseerfahrung seines Werks mit einer schnelllebigen Zeit sofortiger Bedürfnisbefriedigung kaum vereinbar ist, das wussten bereits die Komiker von *Monty Python's Flying Circus*, als ihr TV-Sketch zur »All-England Summarize Proust Competition« von 1972 keinen Gewinner unter den Teilnehmern des Wettbewerbs ausmachen konnte. Sie alle scheiterten an der Aufgabe, die

Recherche innerhalb der 15 dafür vorgegebenen Sekunden zusammenzufassen. Auch das Thema der Ablenkung vom Wesentlichen findet Berücksichtigung, wenn der Moderator den Preis daraufhin kurzum wie grobschlächtig an »die Frau mit der größten Oberweite« verleiht. Trotzdem stimmt nicht, was Robert Proust über das Buch seines Bruders sagte, »dass man entweder todkrank sein oder sich ein Bein gebrochen haben muss, um Zeit für die Lektüre der *Recherche* zu finden.« Man muss einzig wissen, dass man Proust nie nur liest, sondern dass man mit ihm lebt. Mit der Verlangsamung und Entschleunigung, die mit dem Lesen einhergeht, mit der Konzentration, die das Buch einfordert, mit der Zeit, die es einem abverlangt, gewinnt Prousts Welt wie auch die eigene an Faszinationskraft. Proust ist Weltgewinn und Offenbarung zugleich. Wie Johann Sebastian Bach taugt er als Gottesbeweis. »Es ist eine stolze Lebensleistung, die *Recherche* geschafft zu haben, nicht weil sie so lang ist, sondern weil man, um sie zu lesen, seine Seele stimmen muss wie ein Instrument«, schreibt der Schriftsteller Jochen Schmidt in seinem 600-seitigen Selbstversuch *Schmidt liest Proust*. Wie in Shakespeares Werken ist in Prousts Erfahrungsschatz alles enthalten, was der Mensch jemals dachte, denkt und denken wird. Es macht demütig, an Proust zu erkennen, wozu ein einzelner Mensch ganz allein fähig sein kann. Man selber ist ein anderer Mensch, nachdem man den letzten Satz gelesen hat. Und der Versuchung widerstehen muss, nicht gleich wieder von vorne zu beginnen.

Spuren
im Schnee

Am Nachmittag des 25. Dezember 1956 sinkt ein Mann in den Schnee und stirbt. Zwei Kinder eines benachbarten Bauernhofs finden ihn. Patient 3561 war am Nachmittag von Haus Nummer 1 der Heilanstalt Herisau im Schweizer Kanton Appenzell aufgebrochen. Knapp die letzten 30 Jahre seines Lebens hat er in psychiatrischen Kliniken verbracht. Auf der Wachtenegg, einer Lichtung des Rosenbergs zwischen zwei Wäldchen, mit Blick auf die Alpen und den Bodensee, nach recht steilem Aufstieg, blieb ihm im Alter von 78 Jahren das Herz stehen. Der Tote im Schnee war Robert Walser, der Schweizer Schriftsteller, der mit der deutschen Sprache im 20. Jahrhundert die faszinierendsten Dinge anstellte. Einer, der zunächst Jahrzehnte vergessen blieb. Jean-Paul Sartre bemerkte einmal, dass das Leben nur im Rückblick Sinn ergäbe. Erst dann könne man all die Begebenheiten und Erfahrungen sinnhaft miteinander verbinden, die im Hier und Jetzt zunächst willkürlich und zufällig erscheinen. In Herisau, das steht fest, hört Walser zu schreiben auf. Ein Zimmer, das man ihm zu diesem Zweck anbietet, nimmt er nicht an. Fast das letzte Vierteljahrhundert seines Lebens verbringt er vollends unbeachtet, so wird berichtet, mit dem Kleben von Papiersäcken, dem Verlesen von Hülsenfrüchten, dem Trennen von Stanniolabfällen und dem Drehen von Schnüren. »Mir ziemt es, möglichst unauffällig zu verschwinden.« Diesen Plan setzt er offenbar in Herisau um.

Sein Vormund und Freund Carl Seelig, der Walser über 20 Jahre hinweg auf seinen langen, oft ziellosen Spaziergängen begleitete, hielt dessen Worte fest, als der Schriftsteller sich auf gemeinsamer Wanderung nach St. Gallen über allzu viele Literaturpreise für junge Dichter verstimmt zeigte: »Wenn man sie so früh verwöhnt, bleiben sie ewig Schulbuben. Um ein Mann zu werden, braucht es Leid, Verkennung, Kampf. Der Staat darf nicht zur Hebamme der Dichter werden.« Hier hätte Walser womöglich Friedrich Nietzsche zugestimmt, dessen aufmerksamer und kritischer Leser er war: »Wer viel einst zu verkünden hat, / schweigt viel in sich hinein. / Wer einst den Blitz zu zünden hat / muss lange Wolke sein.« Nur war der Blitz eben nicht Walsers Sache, zeitlebens blieb er Wolke, im Schreiben und als Mensch. Dabei bedarf es kaum des Spaziergangs, wie ihn Walser tagtäglich unternahm, um gen Himmel blickend wahrzunehmen, dass diese unbeständigen Gebilde in allen erdenklichen Wetterlagen nicht nur für Kinderaugen jedwede Gestalt annehmen und Gemütslagen ausdrücken können. Flüchtig, kaum greifbar, mal überbordend, mal ein Hauch, weit weg, reich an Wandlung und stets Teil von etwas Größerem. Auch Walser ließ sich treiben, geräuschlos, zog unauffällig von Prosastück zu Prosastück weiter, hielt sich gerne zurück und löste sich bereitwillig im Ganzen auf. Oft duckte er sich weg, war bescheiden und machte sich als Wolke klein. So viel Wahres und Wahrhaftes, das in seinen Zeilen vorüberzieht, ist weder zu greifen noch zu halten. »Wolken«, so teilte er Seelig mit, »sind meine Lieblinge. Sie wirken so gesellig, wie gute, stille Kameraden.«

Ausgerechnet Carl Seelig schenkte als Nachlassverwalter Walsers hunderten dicht beschriebenen Blättern keine weitere Beachtung. Wobei die Blätter oft Papierschnipsel und -fetzen, Quittungen, Formulare und Randspalten von Zeitungen waren, allesamt von Mitte der 20er Jahre bis zu seinem endgültigen Schweigen ein Jahrzehnt später entstanden und übersät von dem, was Seelig als »selbsterfundene, nicht entzifferbare Handschrift« erschien. Eine Winzigschrift, zum Ende hin auf einen Millimeter an Höhe zusammengeschrumpft. Die Schriftzeichen waren Walsers Verweigerung und innere Emigration, die schließlich ganz verschwanden, als die Nationalsozialisten auf der anderen Seite des Bodensees 1933 das »Tausendjährige Reich« verkündeten, dessen Bombeneinschläge eines weltweit entfachten Krieges der Schriftsteller später selbst in Herisau als düstres Grollen aus der Ferne vernahm. Walsers Blätter »aus dem Bleistiftgebiet« – wie er es selber nannte – entpuppten sich indes keineswegs als unlesbar. In einer reduzierten Sütterlinschrift halten sie Hunderte von Skizzen, Eindrücke, Erzählungen, Gedichte und Beobachtungen fest. Fast ein halbes Jahrhundert nach Walser Tod lagen die von der Forschung als Mikrogramme bezeichneten Notizen nach knapp 20 Jahren Dechiffrierarbeit der Literaturwissenschaftler Bernhard Echte und Werner Morlang in sechs Bänden vor. Die 526 Blätter von Walsers aufs Äußerste verkleinerten Schrift waren damit auf etwa 4500 gedruckten Seiten in editorischer Sisyphosarbeit erstmals komplett lesbar.

Sisyphos, der auf ewig von den Göttern in der Unterwelt dazu verdammt ist, einen riesenhaften Stein einen Berg hinaufzustemmen, der ihm jedesmal herunterrollt, bevor er noch den Gipfel erreicht, stellt sich Sartre bekanntlich als glücklichen Menschen vor. Ebenso blickt Walser auf den Dichter Friedrich Hölderlin, der in seinem Tübinger Turmzimmer in zunehmend geistiger Umnachtung bis zu dessen Tod 1843 über drei Jahrzehnte verbringt, darin der Länge der Klinikaufenthalte des Schweizer Schriftstellers in seiner zweiten Lebenshälfte durchaus vergleichbar. »Alle Wünsche schlafen wie vom Spielen müde gewordene Kinder ein. Man fühlt sich wie in einem Kloster oder wie in einer Vorhalle zum Tode. Ich bin überzeugt, dass Hölderlin die letzten 30 Jahre seines Lebens gar nicht so unglücklich war, wie es die Literaturprofessoren ausmalen. In einem bescheidenen Winkel dahinträumen zu können, ohne beständig Ansprüche erfüllen zu müssen, ist bestimmt kein Martyrium. Die Leute machen nur eines daraus.« Überhaupt, was die Leute aus einem machen. »Niemand ist berechtigt, sich mir gegenüber so zu benehmen, als kennte er mich«, warnte der Außenseiter Walser schon früh, wobei er sicher zu anspruchslos war, um damit die Nachwelt zu meinen, all jene, die in jahrzehntelanger Arbeit nach seinem Tod dafür Sorge tragen würden, dass er heute als einer der einflussreichsten deutschsprachigen Schriftsteller des 20. Jahrhunderts gilt. Im Schreiben war Walser meist reine Demut ganz ohne die Pose falscher Bescheidenheit. Unter der »absichtslosen Sprachverwilderung,« die ihm Walter Benjamin einst konstatierte, fand sich der »verdeckteste aller Dichter«, wie Elias Canetti wusste. Er verschwand so unauffällig, wie er es stets wollte. Im Schnee zunächst, beim Wandern, beim bescheidenen Begräbnis keine Handvoll Trauergäste um den Sarg. Im Bleistiftgebiet seiner Mikrogramme hatte er noch notiert: »Du hättest eine wahre Entschwundenheit aus dir machen können, du hast versäumt, eine Fabel aus dir zu machen.« Diese Fabel haben nun andere besorgt und eben dafür Sorge getragen, dass Walsers Verschwinden kein endgültiges wurde.

Aus den Mikrogrammen seines Bleistiftgebiets barg man zunächst *Der Räuber*, das Manuskript für einen ganzen Roman, für W. G. Sebald Walsers »gescheitestes und gewagtestes Werk«, ein beunruhigendes, ja verstörendes Buch, in Form wie in Inhalt, auf das man sich einzulassen gewillt sein und bei der Lektüre entsprechend konzentrieren muss. Unvermittelt sinniert der Erzähler darin auch über den Lauf der Dinge, kurz bevor der mittellose Räuber eine Kanzel in Bern besteigt, um vor versammelter Gemeinde eine Predigt über die Liebe zu halten, die damit endet, dass seine Geliebte Edith auf ihn schießt: »Natürlich machte die Zeit von Minute zu Minute Fortschritte. Dass sie nie den Einfall hat, endlich einmal stillzustehen, berührt manchen intelligenten Menschen als etwas Eigentümliches. Es wäre so interessant, so neu, wenn alles, alles gleichsam friedlich im Bettchen läge und schliefe und ruhte, ruhte.«

Seit 1986 gibt es den Robert-Walser Pfad in Herisau, der erste Schweizer Literaturweg überhaupt, über sieben Kilometer lang und mit Tafeln am Wegesrand, auf denen sich Zitate aus Walsers Werk finden. Der Rundweg führt auch durch den Rosenwald auf jene Lichtung zu, wo Walser für immer zur Ruhe kam. Der genaue Todesort indes bleibt unmarkiert, aus Pietät vor dem in den Schnee Gesunkenen. In gebotener Distanz führt der Weg dort vorbei, ohne jeden Hinweis.

Bleibende Werte

Die Geologie verwendet den Begriff der *Deep Time*, wenn sie die Zeitalter zu definieren sucht, die die Erde seit Anbeginn durchlaufen hat. Es ist dabei oft nicht einfach, Herkunft und Entstehung von anorganischen Substanzen und Materialien zu bestimmen. Wissenschaftliche Radiokarbon- und Thermoluminiszenzmethoden reichen hier maximal nur 60 000 bzw. bis zu 500 000 Jahre zurück. Dennoch ist man sicher, dass etwa die meisten Diamanten als härteste Mineralien der Welt erst vor ein paar Dutzend Millionen Jahren über Vulkanausbrüche zu uns an die Erdoberfläche fanden. Fest steht, dass die kostbarsten Edelsteine unseres Planeten tief in der Hitze des Erdinnern geformt wurden, wo sich laut einer Studie des Massachusetts Institute of Technology auch noch über viele Billiarden Tonnen der aus gepresstem Kohlestoff bestehenden Diamanten befinden sollen. Ganz anders verhält es sich mit dem Gold, dessen Formation keineswegs mineralogischen Prozessen, sondern vielmehr intergalaktischen Sternenkollisionen geschuldet ist und über Meteoriteneinschläge vor vielen Milliarden Jahren auf die Erde niederging, lange noch bevor deren Kruste abgekühlt war. »Weil alles werden muss, entstand auch ich, war da, als sich das Land vom Wasser trennte, die Kontinente sich wie große Hände von Wahrsagern über die Kugel schoben, war da, als etwas zitterte, das Leben in die Amöben und Bakterien fuhr«, lässt der Dichter Jan Wagner das Gold in seinem gleichnamigen Hörspiel sagen.

Mit dem Gold der Pharaonen fand das teuerste Edelmetall der Welt schon vor langer Zeit als Material für Formvollendetes seine Verwendung. »Viele Objekte im Museum sind genau deshalb über Jahrtausende erhalten, weil sie nicht für den täglichen Gebrauch bestimmt waren, sondern als Beigaben für das Jenseits aus den Gräbern stammen«, weiß Dietrich Wildung, einer der bedeutendsten Ägyptologen unserer Zeit. Er steht dabei vor der Figur eines Flötenspielers aus dem Umfeld des Pharao Snofru, die aus Kalkstein um etwa 2600 vor Christus geformt wurde. Genauer gesagt handelt es sich dabei um eine Standschreitfigur. »Im Gehen stehend und gehend im Stehen«: So hat Thomas Mann einmal sehr treffend die typische Körperhaltung ägyptischer Figuren beschrieben und als solche wird der königliche Hofmusiker im Münchner Staatlichen Museum Ägyptischer Kunst auch auf dem dazugehörigen Wandtext bezeichnet. Wildung stand dieser Institution lange vor. Mit seinem ergrauten Schnauzer und buschigen Augenbrauen verbindet ihn eine sicher auch selbstgewählte Ähnlichkeit mit dem deutschen Schriftsteller. Wozu sich ebenso Sprache und Aussprache gesellen. Wildung, 1941 in Kaufbeuren geboren, ist hellwach und alert, seine Sätze sind druckreif gesprochen und finden stets zu ihrem vollkommenen Ende, egal, wie lange sie auch mäandrieren mögen. Man lauscht und berauscht sich an den Kapriolen, die sein Intellekt schlägt, wenn Gedanken zu ihren Worten finden. »Die Ägypter hätten eine Freude daran zu sehen, wie wir uns heute mit ihnen auseinandersetzen und sie sich damit mit uns. Vor ihren Statuen wird man vom Betrachter zum Betrachteten. Schauen sie uns an oder schauen sie durch uns hindurch?« Mit diesen Worten verabschiedet er sich von einer den Wesir Ipi darstellenden Kleinskulptur und kommt durch die Sammlung schreitend erst wieder vor dem Totenbuch des Pajuheru aus der ptolomäischen Zeit zum Stehen. Er ärgert sich über die Bezeichnung Totenbuch für den etwa acht Meter langen Papyrus aus dem dritten Jahrhundert vor Christus. »Bei den alten Ägyptern verwende ich das Wort Tod bewusst nicht, vielmehr geht es um den Lebensbereich, der vor uns liegt, um das Fortleben nach dem Sterben. Was gemeinhin ›Totenkult‹ genannt wird, ist die Reaktion auf das Wissen um die Sterblichkeit und die zweite, dann ewige, Lebenszeit, auf die man sich zeitlebens vorbereitete. Es ging den Ägyptern um die Vorbereitung auf den wichtigen Augenblick des Übergangs.«

Woher schöpfen wir all das Wissen über die 5000-jährige Geschichte des ägyptischen Reichs? Neben den Objekten konnten eben auch die Hieroglyphen komplett entziffert werden. »Je tiens l'affaire!«, rief 1822 im Alter von nur 31 Jahren Jean-François Champillon seinem Bruder durch die Pariser Wohnung zu: »Ich hab's gefunden!« Womit er die Entschlüsselung der ägyptischen Schriftsprache meinte, die er nur deshalb bewerkstelligen konnte, weil Alexander der Große nach seinem Eroberungsfeldzug durch Ägypten 331 vor Christus Altgriechisch als Verwaltungssprache etablierte und erhaltene Gesetzesstelen wie etwa der Stein von Rosette unmittelbar neben der Inschrift der Hieroglyphen mehrsprachig verfasst waren. Womöglich werden die Rongorongo-Schrift der Osterinseln oder die über 4000 Jahre alte Indus-Schrift aus Nordwestindien darum für immer unentziffert bleiben, weil ein solcher Code zum Dechiffrieren schlichtweg fehlt. »Die heute von jedem Ägyptologen lesbaren Inschriften der Gräber und Grabstatuen sind genau wie unsere heutigen Todesanzeigen«, bemerkt Wildung mit einem Augenzwinkern. »Sie schildern Idealtypen. Dabei sind den Ägyptern für die Zeit nach dem physischen Ableben weniger ihre beruflichen Erfolge zu Lebzeiten wichtig, denn was zählt, das ist das Humanum, was bleibt, ist einzig die moralische Qualifikation, die im Jenseitsgericht auf die Waagschale vor den Jenseitsrichter Osiris gelegt wird. In den Bildern und Statuen der Gräber ist außerdem die Darstellung des harmonischen Familienlebens von großer Bedeutung. Die Nachkommen sind die Voraussetzung für das Fortbestehen des Andenkens an die Verstorbenen.« Vieles von dem, was der Auferstehungsgott Osiris hier verhandelte, fand sich später als Kondensat im alttestamentarischen Bibeltext der Zehn Gebote des Moses wieder. Ägypten als Ursprung der menschlichen Gesittung gehörte auch zur Staatsräson des römischen Kaiserreichs. Was am Ende zählte, was sich bewährte und das Fortleben im Jenseits ermöglichte, das war nicht irdischer Reichtum und Besitz, sondern einzig Wohlverhalten, Gemeinschaftssinn und Familienbande.

Diamanten wurden übrigens von den Fein- und Goldschmieden am Nil nachweislich nicht für die Herstellung von Schmuck genutzt. Gleichwohl fand man 1996 ausgerechnet in Ägypten, unweit der libyschen Grenze und inmitten der Sahara einen kleinen schwarzen Stein, der größtenteils aus Diamanten im Mikromillimeterbereich besteht und der Forschung seither größte Rätsel aufgibt. Anfang 2018 publizierte das wissenschaftliche Fachmagazin *Geochimica et Cosmochimica Acta* den Beitrag eines Forscherteams der Universität von Johannesburg, wonach der Stein nicht aus dem Inneren der Erde wie die meisten Diamanten stamme. Einzelne seiner Bestandteile deuten indes darauf hin, dass Elemente des von den Geologen mit dem Namen Hypatia getauften Steins älter sind als unsere Sonne und uns als kosmischer Staub von weiter entfernt erreicht haben muss als alles, was wir bislang datieren und bestimmen konnten. »Asche zu Asche, Staub zu Staub« ist in der christlichen Liturgie ein oft zum Lebensende verwendeter Ausspruch, der uns die Endlichkeit wie die Rückkehr zum Ursprung verdeutlichen soll. Als androgyner Außerirdischer Ziggy Stardust führte David Bowie den Erdlingen buchstäblich vor Augen, dass jedwedes Lebewesen im Universum aus Sternenstaub entstanden ist. Und auch wieder dazu wird. Die alten Ägypter haben es uns überlassen, Hypatia zu finden. Das Herzstück der Brosche des Tutanchamun bildet nicht etwa ein geschliffener Diamant, sondern präsentiert einen gelben Skarabäus aus einfachem, poliertem Glas, das aller Wahrscheinlichkeit nach entstand, als ein Meteorit vor 28 Millionen Jahren den Sand der Wüste auf 2000 Grad Celsius erhitzte. Hypatias Fundort befand sich ebendort.

Die Eisprozession

Weltreligionen sind Refugien Jahrtausende währender Rituale und Traditionen. Deren Wirkung entfaltet sich gerade dadurch, dass sie durch die Zeit hindurch unverändert Bestand haben und damit Zusammenhalt stiften. So ist das Kamasutra seit bald 2000 Jahren für eine Milliarde Gläubige der unter dem Hinduismus subsumierten Konfessionen eine essentielle Schrift. An der Klagemauer Jerusalems finden sich Juden seit 500 Jahren zum Gebet ein. Mit dem Timkat Fest äthiopisch-orthodoxer Christen gedenken Zehntausende in alten ostafrikanischen Städten wie Gondar oder Lalibela der Taufe Jesu Christi durch den heiligen Johannes: eine Tradition, die zurück ins sechste Jahrhundert reicht. Dicht gedrängt und ganz in Weiß gekleidet, versammeln sich die Gläubigen nächtens an Flüssen und riesenhaften, im Freien erbauten Taufbecken, um in der Morgendämmerung sich und ihre Kreuze mit dem vom Priester gesegneten Wasser zu benetzen. Und keiner hat die »Rompida de la hora« während der vorösterlichen Karwoche im aragonischen Calanda eindringlicher beschrieben als der spanische Filmregisseur und Surrealist

Luis Buñuel. 24 Stunden lang trommeln hier seit dem Spätmittelalter Jung und Alt und Mann und Frau mit Schlaginstrumenten aller erdenklichen Größen und allem, was ein Paukengeräusch von sich zu geben vermag – nicht selten im Wein- und Bierrausch, das letzte Abendmahl im Sinn, gekleidet in violette Gewänder und Kapuzen: So wird oft getrommelt, bis das Blut von den Händen spritzt. In Gedenken an das Sterben Christi und das Erdbeben, das sein Tod ausgelöst haben soll, entsteht infernalischer Lärm als Ausdruck des Schmerzes, als letztes Aufbegehren gegen das Unvermeidliche. Noch lange nach dem Getöse, während die Trommeln im Kopf weiterdröhnen, sprächen die Menschen Calandas in seltsam abgehackter Prosodie, so Buñuel.

Trotzdem fanden zahlreiche über Jahrhunderte gepflegte Bräuche der katholischen Kirche spätestens in der Moderne aufgrund der Säkularisierung und der Reformen nach dem Zweiten Vatikanischen Konzil ihr Ende. Die Liturgiesprache Latein während der heiligen Messe wurde von den Landessprachen abgelöst, und seitdem sich der Priester während der Eucharistie nicht mehr der Apsis, sondern den Gläubigen zuwendet, ist der Berufsstand des Dirigenten der letzte, der mit dem Rücken zum Publikum agiert. Eben während der Zeit des Zweiten Vatikanischen Konzils aber, am 12. Februar 1963, setzte sich eine feierliche Prozession katholischer und evangelischer Christen über das Eis des vollständig zugefrorenen Bodensees vom deutschen Hagnau ins schweizerische Münsterlingen in Gang. Mit etwa 3000 Gläubigen, die sich an diesem Tag übers Eis wagten, entsprach die Menschenmenge jener Anzahl der Bischöfe und Konzilsväter, die Papst Johannes XXIII in Rom um sich versammelt hatte. Die Wegstrecke übers Wasser von Hagnau nach Münsterlingen beträgt etwa sieben Kilometer, der Bodensee ist dort mit 250 Metern noch deutlich tiefer als Loch Ness. Ab zehn Zentimeter Dicke trägt Eis ganze Personengruppen. Allen voran schritten zwei Männer, die auf einer Bahre die blumenumkränzte Büste des heiligen Johannes trugen. Nicht jene Johannes des Täufers, der uns in Äthiopien bereits in Zusammenhang mit Wasser begegnete, sondern vielmehr eine bemalte Holzskulptur des Evangelisten Johannes. Wenn der Bodensee auf einer Fläche von über 500 Quadratkilometern in seiner Gesamtheit überfriert, nennt man das auf der deutschen Seite »Seegfrörne« und auf der Schweizer »Seegfrörni«. Diese ereignete sich seit Ende des 16. Jahrhunderts nur siebenmal, alle 100 Jahre nur ein- höchstens zweimal. Nachweislich wurde die spätgotische Büste des Apostels Johannes aus dem Münsterlinger Kloster erstmals 1573 über das Eis nach Hagnau gebracht – was ursprünglich weniger einer Prozession glich als vielmehr den Anlass für eine solche gab: In der Sterbenotiz eines Hagnauer Bürgers fand sich der Hinweis, dass dieser im Alter von 28 Jahren ein »frommes Bildnis« von Münsterlingen über den zugefrorenen Bodensee mitgebracht habe, da auf der Schweizer Seite des Binnengewässers »häretische Schlechtigkeit« tobte, womit der Bildersturm der Reformation gemeint war, der die Büste der unmittelbaren Zerstörung preisgab. Das Jahr 1573 ist auf dem Sockel des heiligen Johannes vermerkt, dazu die Folgejahre der Überführung der Skulptur von Deutschland in die Schweiz und wieder zurück, 1796, 1830, 1963. Zudem wird eine weitere Prozession zur Überführung der Büste nach 1573 erwähnt: »Nach 100 Jahren wurde sie bei überfrohrnem See wider hieher gebracht.« Zwischenzeitlich verhinderten Kriege oder die allzu fragile Beschaffenheit des Eises die Prozession während einer Seegfrörnen. Um die Sicherheit der Erstüberquerer zu gewährleisten, machte man sich mit Hopfenstangen, Kompass, Signalhorn, Stöcken und Leitern auf den Weg. Männer leinten sich in klirrender Kälte mit Seilen an den Nächsten, um einander gegen eventuelle Einbrüche zu sichern und sich bei Gefahr aus dem Eiswasser ziehen zu können. Sobald man mit Hämmern ein Loch in die Eisdecke zu schlagen vermochte, ohne dass die Oberfläche Sprünge bekam, war der See passierbar. Dicke Äste und Tannenzweige markierten die begehbaren Wege. Auch 1963 war der Gang übers Eis nicht ungefährlich. Junge Männer, die als Erste die Überquerung auf ungesicherten Wegen wagten, sprachen von Peitschenhieben, dann Donnerschlägen mitten auf dem See, als das knirschende und krachende Eis unter ihren Füßen großflächig auseinanderzubrechen drohte und sich spinnennetzartige Risse bildeten. Andere starben während der Überquerung. Ein Mann brach mit dem Fahrrad ein und ertrank. Zwei Schüler trieben auf einer Eisscholle ab, tags darauf fand man sie erfroren. Für Guido Hess und Walter Speck, die am 12. Februar 1963 der ersten Prozession seit 133 Jahren mit der Büste des Apostels Johannes voranschritten, barg der Weg übers Eis keine

Risiken mehr. Auf Mopeds, mit Kleinflugzeugen, Autos und Kinderwägen, mit Roll- und Schlittschuhen, von Hunden gezogen oder bei starkem Wind durch aufgespannte Regenschirme übers Eis gleitend, lockte die Seegfrörne zwischen Februar und April nicht nur Einheimische auf die spiegelglatte Fläche. Es herrschte Volksfestatmosphäre. Hagnauer und Münsterlinger begrüßten einander mit Wurstbratereien und Glühweinständen auf dem Eis, ein Reiter war vorausgeeilt, Geistliche beider Ufer bezeugten mit dem Austausch von Weinfässchen einander ihre Gastfreundschaft. Ministranten, Dekane, Fahnenträger und Musikkapellen beider Nationen beteten bei Glockenklang gemeinsam für den Weltfrieden, keine 20 Jahre nach Ende des Zweiten Weltkriegs.

Das Original der Büste befindet sich seither im Tresor der Sakristei von Sankt Remigius in Münsterlingen. Ein Replikat begrüßt die Betenden im Innern der Klosterkirche. In Hagnau fürchtet man wegen der Erderwärmung um das Ende der Eisprozession und damit um das Ende der Hoffnung auf eine Wiederkehr der Reliquie. Als 2013 beide Gemeinden des 50-jährigen Jubiläums der letzten Seegfrörne mit Festakten in Deutschland und der Schweiz gedachten, überließ Diakon Matthias Loretan dem Hagnauer Museum die nach 1963 angefertigte Kopie des Sankt Johannes für eine Ausstellung, »aus einer Mischung aus Übermut und Mitleid«, wie er augenzwinkernd mitteilte. Anfang Februar 2014 wurde die Holzskulptur nach einem Festgottesdienst von deutschen und Schweizer Gemeindemitgliedern in Bussen und Autos auf einer Fähre wieder zurück nach Münsterlingen gebracht, »mit Wehmut«, wie der Hagnauer Gemeindepfarrer Wolfgang Demling seinerseits wissen ließ. Auch Tränen sollen geflossen sein. Keine drei Wochen später verstarb Demling bei einem Tauchunfall im Bodensee in 100 Meter Tiefe.

Enzyklopädien

Mit wachsendem Wissen wächst auch das Wissen um das Nichtwissen. »Der Narr hält sich für weise, aber der Weise weiß darum, ein Narr zu sein«, schrieb dazu Shakespeare in seiner Komödie *Wie es euch gefällt*. Darüber muss man sich immer im Klaren sein, damit muss man leben. Unseren Wissensdurst, das Streben des Menschen nach Wissen ficht das nicht an. Enzyklopädien und Lexika sind die großen Spielwiesen unserer Neugier und unserer Ambition. Sie dokumentieren Erfahrungen und Kenntnisse von Jahrtausenden, um ihnen Ordnung und Struktur zu verleihen. In *Die Ordnung der Dinge* führt der Philosoph Michel Foucault die seinerseits von Jorge Luis Borges übernommene Auflistung einer vor langer Zeit entstandenen chinesischen Enzyklopädie an, die jedes damals auf Erden bekannte Tier zu erfassen sucht:

a) Tiere, die dem Kaiser gehören
b) einbalsamierte Tiere,
c) gezähmte,
d) Milchschweine,

e) Sirenen,
f) Fabeltiere,
g) herrenlose Hunde,
h) in diese Gruppierung gehörende,
i) die sich wie Tolle gebärden,
j) die mit einem ganz feinen Pinsel aus Kamelhaar gezeichnet sind,
k) und so weiter,
l) die den Wasserkrug zerbrochen haben,
m) die von Weitem wie Fliegen aussehen.

Borges behauptete, diese Unterteilung im uralten *Himmlischen Warenschatz wohltätiger Erkenntnisse* gefunden zu haben. Das chinesische Denken ist tatsächlich sehr viel früher enzyklopädisch geprägt als das europäische. Über zwei Jahrtausende hinweg, bis zum Zusammenbruch des Kaiserreichs im frühen 20. Jahrhundert, wurde Wissen akkumulativ als Ansammlung von Zitaten zusammengetragen. Lexika und Kompendien wuchsen organisch, Kapitel zu Himmel, Erde, Menschen und Tieren wurden seit den Ursprüngen des Daoismus immer wieder um ein paar Sätze aus anderen Texten und um zahlreiche Unterkapitel erweitert. Originalität oder Autorschaft spielten keine Rolle, vielmehr ging es um eine möglichst umfangreiche Kategorisierung dessen, was der Mensch zu wissen imstande ist. Der Sinologe Hans van Ess schlägt für die chinesische Spielart der Enzyklopädie denn auch zurecht den Begriff *Florilegium* vor, womit in Europa Bücher gemeint sind, die Aussprüche zahlreicher Gelehrter oder wichtige Auszüge bedeutender Werke antiker und mittelalterlicher Schriften in sich vereinen. An der über 10 000 Bände und mehr als 22 000 Schriftrollen umfassenden Yongle Dadian Enzyklopädie arbeiteten viele tausend Gelehrte, die dafür 8000 Texte von der Landwirtschaft bis zur Astronomie und von der Medizin bis zur Religion aus 2000 Jahren sinnhaft zueinander in Beziehung setzten. Das in solchen Werken enthaltene Wissen wurde seit der Sui- und später der Tang-Dynastie zu Beginn des sechsten Jahrhunderts in den Palastprüfungen für alle Beamten abgefragt, bis diese Kenntnisse chinesischen Altertums mit der Gründung der Republik im Jahr 1912 zuletzt irrelevant wurden. Mit deren Abschaffung wurde eine auf westlichem Wissen basierende Prüfungsordnung ebenso wie ein westlich strukturiertes Universitätssystem eingeführt.

In China gravierte man bereits vor 3000 Jahren Schrift auf Schildblatt ein, in Indien gab es vor Christus ganze Bibliotheken aus Palmblättern, sumerische Tontäfelchen von vor 4000 Jahren lassen sich heute entziffern und die Inka aus Südamerika gaben seit dem siebten Jahrhundert Wissen in der aus unterschiedlichen Garnen bestehenden Quipu-Knotenschrift weiter. In Europa eröffnete das Zeitalter der Aufklärung 300 Jahre nach der Erfindung des Buchdrucks den Gelehrten völlig neue Möglichkeiten der Wissensvermittlung und -organisation. Voltaires *Dictionnaire philosophique* erschien im Jahr 1764, nachdem der Autor ein Jahrzehnt daran gearbeitet hatte. Etwa um 1740 hatte bereits die Feministin Luise Dupin ihre bis zu deren Tod sechs Jahrzehnte später währende Arbeit an einem unveröffentlicht gebliebenen Manuskript begonnen, das erst im 20. Jahrhundert entdeckt wurde. Ihr *Ouvrage sur les femmes* gilt heute als *Enzyklopädie des anderen Geschlechts* und bietet einen historischen Querschnitt über den sozialen, ökonomischen und politischen Status quo der Frau. Währenddessen gaben zwischen 1751 und 1780 Denis Diderot und Jean le Rond d'Alembert ihre 35 Bände und über 70 000 Artikel umfassende *Encyclopédie ou Dictionnaire raisonné des sciences, des arts et des métiers* heraus. Luise Dupin lieferte dafür den Eintrag zum Schlagwort »Femme«. Auch die Edition nunmehr kanonisierter Texte gewann immer mehr an Bedeutung. Zeit spielte dabei keine Rolle. So begann der Vatikan 1879 mit einer kritischen Werkausgabe des mittelalterlichen Theologen Thomas von Aquin, deren Vollendung nach heutigem Stand noch Jahrzehnte benötigen wird. 1901 nahmen zahlreiche Forscher die Arbeit an der Edition der Schriften des Philosophen, Mathematikers und Diplomaten Gottfried Wilhelm Leibniz auf, der bei seinem Tod im Jahr 1716 mehr als 60 000 Texte hinterließ. Bislang erschienen in acht Reihen über 60 Bände von bis zu 1000 Seiten, ein Ende ist noch lange nicht in Sicht. Bei Wörterbüchern verhält es sich kaum anders. Das *Oxford English Dictionary* wurde 1857 begonnen, erst knapp 30 Jahre später erschien der erste Band. Zu über 600 000 Worten aus den vergangenen 1000 Jahren weist das Wörterbuch mehr als 2,5 Millionen Quellen nach. Hierzulande bemühten sich die Gebrüder Grimm ab 1838 darum, die deutsche Sprache vollständig zu erfassen. Als ihr *Deutsches Wörterbuch* in 32 Bänden 1961 nach 123 Jahren zum Abschluss gekommen war, begann man sogleich von vorne mit seiner Neubearbeitung.

Etwas wieder und wieder zu tun muss überhaupt nicht verwerflich sein. Der Mensch liebt die Wiederholung wie das Kleinkind es liebt, das immer gleiche Märchen jeden Abend vorgelesen zu bekommen. Unser Wissensdurst ist niemals zu stillen, selbst wenn wir uns selber kaum einen Überblick verschaffen können. Mit Dr. Paul Arnheim in Robert Musils *Mann ohne Eigenschaften* starb auch in der Literatur die Figur des Universalgelehrten aus, heute können selbst Physiker, Mathematiker und Soziologen kaum noch miteinander kommunizieren, sofern sie nicht dasselbe, immer spezieller werdende Spezialgebiet beackern. Dazu gesellt sich die Fehlerhaftigkeit unserer Sprache, die unser Verstehen und unsere Ambitionen sicher ebenso oft hemmt, wie sie diese befördert. »Kein Mensch vermag jemals seine Gedanken völlig angemessen auszusprechen; denn das menschliche Wort ist wie ein gesprungener Kessel, auf dem wir eine Musik für Tanzbären trommeln, während wir die Sterne rühren möchten.« Gustave Flaubert hat leider vollkommen Recht. Die letzten zwei Jahrzehnte vor seinem Tod 1880 arbeitete er sich für seinen Roman *Bouvard und Pécuchet* durch über 1000 Ratgeber, Lexika, Enzyklopädien und Wörterbücher, damit seine beiden Protagonisten sich möglichst glaubwürdig von einer Disziplin zur nächsten hangeln könnten. Erfolglos knüpfen sich die Titelhelden von der Agrar- zur Naturwissenschaft, von der Anatomie und der Medizin bis zur Philosophie und Religion jedwedes Fachgebiet eifrig vor, nur um krachend am

Verständnis und der Umsetzung des Gelernten zu scheitern. Flaubert will sie dabei überhaupt nicht vorführen, sondern vielmehr die »Dummheit meiner Epoche« bloßstellen. »Einfach nur alles« wollen Bouvard und Pécuchet studieren. »Ein Buch über Nichts« wollte Flaubert schreiben, wie er einem Freund lange vor seiner Arbeit an seinem letzten Roman anvertraute. »Alles ist nichts und nichts ist alles.« Ob mit diesen Worten Kosmologen vom Urknall sprechen, Zen-Buddhisten ihre Lebensweisheit zusammenfassen oder sich Philosophen damit den letzten Fragen der Metaphysik nähern – hier soll der Satz inmitten unseres täglichen Ringens nach Erkenntnis Trost spenden und der inneren Ruhe und Befriedung dienen.

Klangkörper

Zahlreiche große Musiker halten den fünften, den letzten Satz von Johann Sebastian Bachs *Partita für Violine Solo in d-Moll* (BWV 1004) für das größte je geschaffene Musikstück, wenn nicht für die bedeutendste Errungenschaft der Menschheit überhaupt. 1720 in Leipzig komponiert, gilt vielen die Interpretation der *Chaconne* durch Gidon Kremer, aufgezeichnet 2002 vor dem Hochaltar der Pfarrkirche im österreichischen Lockenhaus, als die gelungenste Darbietung der etwa viertelstündigen Komposition. Ob beim Mitsingen laut aufgedrehter Popmusik hinterm Steuer oder beim andächtigen Zuhören der Lieblingsband mit zehntausenden Fans im Stadion mag es vielen so ergehen wie jenen, die Bach bei Kremers *Chaconne* auf YouTube lauschen. Musik kann zu Tränen rühren und den Zuhörer ganz und gar ergreifen. Für dieses tiefe Empfinden im Auto, auf der Tanzfläche, im Konzertpublikum, in der Kirche oder beim Abspielen der Playlist muss man weder ein Instrument beherrschen noch Noten lesen können. Wer jemals unter der Dusche oder im Chor gesungen hat oder gar spätnachmittags an einem Waldhang bei Nieselregen einen

Tierschädel vom Boden gehoben und diesen mit beiden Händen über den Kopf reckend zu singen und zu tanzen begann, der weiß, dass wir uns mit Tönen und Klängen alten Ritualen anheimgeben, seit Jahrtausenden bestehenden Zeremonien, deren Teil wir werden, indem wir Anteil nehmen. Wir sind nicht allein. Musik, Gesang und Bewegung schaffen eine alles durchdringende Präsenz dessen, was vor uns war und was nach uns noch lange sein wird. Wenn sich Daniel Barenboim in die Klaviersonaten von Frédéric Chopin versenkt, in weißem Anzug über den weißen Flügel gebeugt, dann begreifen wir das Instrument mit einem Mal als räumliche und klangliche Erweiterung des menschlichen Körpers. Wir erleben uns als Teil der Musik und werden eins mit ihr, im Spiel wie beim Zuhören. Musik kann verführen und uns entheben. Und weil sie nicht lügen kann, was wiederum Jimi Hendrix wusste, hat sie sich die Möglichkeit erhalten, wahrhaftig zu sein, egal, wie und wann sie uns selbst in einer geschäftigen Einkaufspassage begegnet, egal, wann wir uns voll und ganz auf sie einlassen.

Der libanesische Musiker und Komponist Tarek Atoui ließ 2014 im Ethnologischen Museum Berlin zahlreiche Instrumente erklingen, von denen manche hunderte Jahre schon nicht mehr gespielt worden waren. Das Aufbewahren und die Ausstellung von Musikinstrumenten vergisst über die Archivierung und Katalogisierung den Ton selbst. Für Atoui bedurfte es langwieriger Überzeugungsarbeit, den Studienobjekten durch seine Performances und Jamsessions gemeinsam mit dutzenden anderen Musikern endlich wieder Leben einhauchen zu dürfen. »Ich will nicht gegen die Zeit arbeiten, sondern mit ihr«, sagt Atoui, der ein riesiges Archiv unterschiedlichster Töne seltener Instrumente angelegt hat. Der Künstler wünscht sich weit über seinen Tod hinaus, dass man allein mit Hilfe dieser Sammlung immer wieder neue Klangobjekte erschaffen kann, die genau diese Laute von sich zu geben vermögen, immer unter Einbeziehung der neuesten Möglichkeiten und Technologien. Denkt Atoui hier an Zukünftiges, so sind historische Musikinstrumente als begehrte Sammlerobjekte oft so teuer, wie sie rar sind. »Der Musiker hat Teil am Instrument als Skulptur, nicht nur der Geigenbauer. Das Holz erinnert sich an die Reinheit des Klangs«, weiß Atoui. Der Wert der teuersten Instrumente hat viel mit den Musikern zu tun, die diese oft über Jahrzehnte hinweg gespielt haben. »Ihr Geist wohnt dem Objekt weiter inne. Wer ein Musikinstrument zum Erklingen bringt, der steht in direktem Kontakt zu all jenen, die vor ihm kamen.« So denkt Atoui auch über die chinesische Guqin, eine siebensaitige Zither mit jahrtausendealter Tradition, die immer wieder ertönen muss, um den Geist darin zu bewahren. Atoui ist mit einem Guqin-Meister vertraut, der zahlreiche alte Modelle dieser außergewöhnlichen Zupfinstrumente besitzt und sie aus eben diesem Grund wöchentlich spielen lässt.

Für »einen netten, romantischen Gedanken« hält Jonathan Moulds indes die Vorstellung, dass etwa Geigen über Erinnerung verfügen oder gar besser klängen, je mehr herausragende Musiker darauf spielen. Moulds ist Entrepreneur, Philanthrop und ehemaliger Präsident der Bank of America in London. Sein Bratschenspiel brachte ihm einst ein Musikstipendium fürs Studium der Mathematik in Cambridge ein. Seit vielen Jahren ist Moulds der weltweit größte Sammler von Stradivaris und anderen historischen Geigen, die er großzügig an vielversprechende junge Ausnahmetalente verleiht. So spielt Nicola Benedetti die als *Gariel* bezeichnete Stradivari von 1717 im Wert von weit über 10 Millionen Euro. Der Preis für eine berühmte Geige, die als Investment jährlich eine Rendite von fünf bis zehn Prozent erzielen kann, ergibt sich für Moulds aus Angebot und Nachfrage, nicht etwa über den Geist, der den Instrumenten innewohnen soll. Im Gegenteil, bei jedem Spiel kann die Geige auch durch natürliche Abnutzung und Ablagerungen wie Schweiß Schaden nehmen. Was Moulds nicht weiter stört, ist er doch gleichermaßen davon überzeugt, dass der perfekte Klang seiner sündhaft teuren Geigen auch durch Unregelmäßigkeiten der Instrumentenbauer entstanden ist, durch Mikroben im Holz und Pilzbefall des Baumbestands zu Beginn des 18. Jahrhunderts.

Alles Holz, das für die etwa 500 erhaltenen Geigen Stradivaris in der ersten Hälfte des 18. Jahrhunderts Verwendung fand, stammt aus einer überschaubaren Alpenregion Norditaliens. Südöstlich von Bozen findet sich im Fleimstal der *Bosco che suona*, der Klangwald. Noch heute wird hier das Holz für Musikinstrumente geschlagen, ebenso wie man 300 Kilometer weiter südlich den Carrara-Marmor vom gleichen Steinbruch abträgt, von dem ihn schon Michelangelo für seine Skulpturen bezog. Über den *Bosco che suena* herrscht seit Jahrzehnten Marcello Mazzucchi, der als mittlerweile pensionierter Oberförster noch immer die besten Bäume für die Geigen auszuwählen hilft. Baumflüsterer will er aber keinesfalls genannt werden, eher Baumzuhörer. »Ich beobachte sie, ich berühre sie, manchmal umarme ich sie sogar. Schau genau hin und sie erzählen dir ihre Lebensgeschichte, ihre Traumata, ihre Freuden, alles. Sie sind bescheidene Kreaturen.« Er weiß wie Moulds, dass gerade Asymmetrien und Abweichungen in der Beschaffenheit entscheidend für einen vollen, harmonischen Klang sein können. Und was für das Instrument gilt, gilt im erweiterten Sinn ebenso für die Komposition selbst. Schon 1528 schrieb Castiglione, dass »ein langes Verharren im Wohlklang sättigt, und die Harmonie wird zur Ziererei, die man durch Einstreuen von unvollkommenen Akkorden vermeidet.«

Die Ziererei beschäftigt auch Gidon Kremer, der Bach vollends unprätentiös und oft mit geschlossenen Augen spielt. »Zu viele oberflächliche Dinge finden unter dem Banner der Authentizität statt. Dem Musizieren fehlt es vielfach an Blut und Nerven.« Die allerbeste Musik erreiche ohnehin nie ein Millionenpublikum. Dafür spricht sie ihre geheimen spirituellen Botschaften viel zu leise. Genau deswegen liebt Kremer Bach. »Seine Musik ist voller Geheimnisse.« Ganz so wie die besten Geigen, die seine *Chaconne* zum Erklingen bringen.

Häuser, Apartments, Höhlen

Louise Bourgeois empfing noch mit über 90 Jahren wildfremde Menschen, nur Künstler mussten sie sein oder sich zumindest dafür halten. Jeden Sonntagnachmittag wurden in ihrem alten Stadthaus aus braunem Sandstein auf der 20. Straße von Manhattans Westside ihre Gäste über abgewetztes Parkett hinein ins Wohnzimmer geführt und gebeten, an einem runden Tisch Platz zu nehmen. Von überall quoll antiquiertes, liebevolles Durcheinander hervor. Die Gastgeberin erschien als Letzte und machte es sich auf einem knarzenden Holzstuhl bequem. Louise Bourgeois gilt vielen als die bedeutendste Künstlerin des 20. Jahrhunderts. 80 Jahre alt, begann sie ab Anfang der 90er Jahre mit *Cells* an einem Werkkomplex großer, teils betretbarer Skulpturen zu arbeiten. Bis zu ihrem Tod 2010 schuf sie 60 davon. Es sind mitunter beklemmende Zellen und Käfige, reich an Poesie und unterschwelligem Humor, Traurigkeit und Verlustängsten. Persönliche Rückzugsorte und Schonräume, die mit biographisch aufgeladenen Materialien und Objekten von Leid und Schmerz, Sexualität und Tod erzählen. Louise Bourgeois ist so klein, dass ihre nackten Füße von dem Stuhl, auf dem sie Platz genommen hat, hinunterbaumeln, ohne dass ihre Zehenspitzen den Boden je berührten. Ein halbes Dutzend Gäste sind gekommen. Ein italienischer Dichter verliest mit Schweißperlen auf der Stirn ein der Künstlerin gewidmetes Liebesgedicht, eine Malerin aus Chicago präsentiert Selbstporträts. »Sie macht sich damit über uns alle lustig«, urteilt Bourgeois ihre Bilder schroff ab, nuckelt am Strohhalm ihrer Cola und blickt verschmitzt in die Runde. »Weiter!« Erst als ihr eine kalifornische Künstlerin im Dunkeln grün fluoreszierende Skulpturen aus geschmolzenem Plastik präsentiert, scheint sie angetan. »Beautiful« und »very nice«, haucht Bourgeois mit französischem Akzent, den sie sich auch nach über 60 Jahren New York nicht abgewöhnte. Erst nach vielen Stunden verlassen die Gäste am späteren Abend dankbar das Haus der Künstlerin.

Es gibt Häuser und Apartments, in denen die Zeit stillsteht, wie aus vergangenen Dekaden und Jahrhunderten, oft bewohnt von Menschen, die wiederum aus der Zeit gefallen zu sein scheinen. Keine zehn Fahrradminuten von Louise Bourgeois entfernt wohnte etwa Dorothea Tanning, die als Malerin und Objektkünstlerin noch im Alter von über 100 Jahren ihre neuesten Gedichte im *New Yorker* veröffentlichte. Wer die 30 Jahre mit Max Ernst verheiratete Surrealistin besuchte, gelangte mit einem hölzernen Fahrstuhl inklusive Liftboy direkt in ihr riesenhaftes, auf der 5th Avenue gelegenes Apartment, an den Wänden wertvolle Kunst aus drei Jahrhunderten . »Let's go straight for the champagne!«, begrüßte Tanning ihren Gast, um sich dann ohne Umschweife darüber auszulassen, wie sehr sie es leid war, als junge Frau von ihren Künstlerkollegen zu Beginn des 20. Jahrhunderts stets nur auf die Rolle der Muse reduziert worden zu sein. In einem ähnlichen Umfeld wuchs auch Beatrice Wood auf, die als *Mama of Dada* 1998 mit sagenhaften 105 Jahren verstarb. 1913 hatte sie die turbulente Premiere von Igor Strawinskys *Le sacre du printemps* für Sergei Djagilews Ballets Russes im Pariser Théâtre des Champs-Élysées noch selbst miterlebt. Der Ausbruch des Ersten Weltkriegs brachte die gebürtige Kalifornierin wieder zurück an die Ostküste Amerikas. Auf die Frage, wie denn die europäischen Exilkünstler der New Yorker Avantgarde, wie sich etwa Francis Picabia und Marcel Duchamp ihr gegenüber gerierten, lächelte sie ihren Gast aus hellwachen, blauen Augen an: »Ihre Worte waren nie erotischer Natur, ihre Taten waren es schon.« 1947 zog sich die Keramikkünstlerin nach Ojai zurück, einer Kleinstadt im Nordwesten von Los Angeles. Unweit des Pazifik gelegen, gab ihr großzügiges, lichtdurchflutetes Atelier, in dem sich heute ihre Stiftung befindet, einen zeitlosen Blick in die Natur kilometerweiter Täler frei. Am Abend weist sie zum Abschied mit ihrer Hand auf das Gebirge vor ihrer Haustür, das vor vielen Jahrmillionen zu einer Zeit entstand, als der Kontinentaldrift die ozeanische Erdkruste an der Küste Kaliforniens unter die nordamerikanische Platte schob. »Die Gipfel der Topa Topa Berge beginnen bei Sonnenuntergang rosa zu leuchten«, flüsterte Woods fast. Nur wenige Augenblicke später verfärbten sie sich tatsächlich, wie auf ihr Geheiß hin.

Natura sola magistra, zitiert Anita Albus gerne den Antwerpener Miniaturist Juris Hoefnagel, der im 16. Jahrhundert in München Hofmaler war. Die Natur als einzige Meisterin und wahrhafte Künstlerin. Albus selber wohnt in München, wo sie 1942 geboren wurde. In einer riesigen Altbauwohnung mit meterhohen Decken, großen Fenstern und Fischgrätparkett in Schwabing, so sie nicht in ihrem kleinen Schloss aus dem 18. Jahrhundert im französischen Burgund weilt. Die Künstlerin arbeitet viele Wochen und Monate, manchmal über Jahre hinweg mit Einhaarpinseln an ihren kleinformatigen Gemälden. Sie malt und zeichnet Flora und Fauna, viel Grün, Schmetterlinge zumal, auch ausgestorbene Tiere und Vögel. Ihre Farben reibt sie selbst an und stellt sie teilweise aus Naturpigmenten her. Bleiweiß, Pfirsichkernschwarz, Kupfergrün. Als Buchautorin wendet sich Albus Autoren wie Marcel Proust zu oder knüpft an längst vergangenes Wissen und verlorene Traditionen in Malerei, Botanik und Biologie an. Sie selbst ist eine filigrane, gänzlich unaufdringliche Erscheinung, die ab und zu mit lautem, herzlichem Lachen überrascht, ansonsten aber leise und mit Umsicht wie gedruckt spricht. Immerfort ist man sich des großen Schatzes bewusst, der in ihr schlummert und den sie mit viel Bedacht für die Betrachter ihrer Werke und die Leser ihrer Bücher nach und nach preisgibt.

Für ihren Gast liest Anita Albus einen von ihr kürzlich übersetzten Text. Es ist das Vorwort Paul Valérys für den Katalog der Ausstellung einer Pariser Galerie im Mai 1924. Diese zeigt in jahrelanger Arbeit entstandene Unikate seiner Bekannten, der Stickerin Marie Monnier. Valéry schreibt darin über kostbare Dinge, »die sehr viel Zeit in Anspruch nehmen und viel Ruhe einfordern. Makellose Perlen, voll ausgereifte Weine, wahrhaft durchgebildete Personen lassen an eine allmähliche Ansammlung und Folge einander ähnlicher Ursachen denken. Die einzige zeitliche Schranke ihrer wachsenden Vorzüglichkeit ist die Vollkommenheit. Einst ahmte der Mensch diese geduldigen Verfahren nach. Miniaturen, aufs feinste gearbeitete Elfenbeinschnitzereien, Lackarbeiten und Malereien, die durch das Übereinanderlegen einer Vielzahl dünner durchscheinender Schichten entstehen, und liebevoll erwartete und freiwillig verzögerte Sonette, mit denen sich der Dichter endlos befasste – all diese Hervorbringungen ausdauernder, entsagungsvoller Bemühungen sind im Verschwinden begriffen, und die Zeit ist vorbei, in der es auf Zeit nicht ankam. Der heutige Mensch arbeitet nicht mehr an dem, was sich nicht abkürzen lässt. Es ist, als entspreche dem Verblassen des Gedankens der Ewigkeit ein zunehmender Widerwille gegen langwierige Aufgaben. Wir nehmen es nicht mehr auf uns, einen unschätzbaren Wert durch eine Arbeit zu schaffen, die zeitlos und ebenmäßig ist wie die der Natur. Das Warten und die Ausdauer sind unserer Zeit, die versucht, sich unter großem Energieaufwand von ihrem Werk zu befreien, lästig.«

Das tägliche Utensil von Marie Monnier war indes die Nähnadel, wie übrigens auch für Louise Bourgeois, die früh als Restauratorin von Tapisserien in der väterlichen Werkstatt lernte und sich später ihr Atelier in einer ehemaligen Näherei in Brooklyn einrichtete. »Eine bahnbrechende Erfindung war die Nähnadel«, weiß dazu Alexander Kluge. »Mit der Nadel aus Knochen konnte man Tierfelle eng zusammenbinden. Die Kleidung labberte nicht irgendwie um den Körper, wenn die Kälte kam. Eine Clanfrau plus solche Nadeln war ein verteidigungswertes Gut, ein Tauschereignis, dem der Nachbarstamm, ebenfalls frei wandernd, etwas Gleichwertiges gegenüberstellen musste. Die Nähnadel im Kopf verknüpft Sätze und die Berichte der Generationen. Umbau im Gehirn.« Die ältesten, aus Vogelknochen geschnitzten Nadeln wurden in Höhlen gefunden und entstammen tatsächlich jener prähistorischen Zeit, als Homo sapiens sich von Afrika aus allmählich auf anderen Kontinenten auszubreiten begann. Pfeil und Bogen, Boote, Öllampen und eben Nadeln wurden vor etwa 45 000 Jahren gefertigt, lange vor den ersten erhaltenen Höhlenmalereien. Die Menschen waren Modedesigner, noch ehe sie Künstler wurden.

Unvollendetes

Wir sollten lernen, das Unvollendete als Dauerzustand anzuerkennen. Das befreit uns nicht davon, strebsam, neugierig und engagiert unterwegs zu sein. Nur nimmt die Erkenntnis des letztendlichen Unvermögens eines jeden Einzelnen von uns etwas von dem Druck des Anspruchs nach Vollkommenheit oder des Unbedingt-zu-Ende-bringen-Müssens. Wir reden hier nicht über nicht eingehaltene Deadlines oder das Herauswinden aus vereinbarten Zielen und Verpflichtungen, wir reden vielmehr über das Eingeständnis unserer Schwächen, während wir weiterhin unser Bestes geben. Man darf Fünfe gerade sein lassen und auch einmal etwas gehen lassen, nicht zuletzt im Wissen darum, dass das »non-finito« bereits in Leonardos *Traktat über die Malerei* zumindest in der Kunst auch als große Könnerschaft durchgeht. Ein halbes Jahrtausend später räumt Umberto Eco mit seiner Theorie des *Opera Aperta* oder dem *Offenen Kunstwerk* selbst fertiggestellten Arbeiten Gleiches ein. Nun schließt der Betrachter, Leser oder Zuhörer das Werk ab. Kunst entsteht niemals aus Allwissen und lässt genau deshalb unterschiedliche Lesarten zu. Sie enttäuscht nicht selten ganz bewusst unsere Erwartungen nach Geschlossenheit, damit wir als Betrachter gefordert sind, das Kunstwerk selbst zu komplettieren. Hier gibt es kein richtig oder falsch, sondern genauso viele Deutungen, wie sich Betrachter finden. Dessen nicht unerheblichen Anteil am kreativen Akt, an der Entstehung und Vollendung eines Kunstwerks, heben Künstler wie Kunsthistoriker seit Ende des 19. Jahrhunderts immer wieder hervor. Dafür bedarf es einzig Zeit, Ruhe und dem Wunsch nach Kontemplation.

Michelangelo, Tizian, Rodin: Sie alle hinterließen unvollendete Werke. 2016 präsentierten die Kuratoren des Metropolitan Museums in New York in der Ausstellung *Unfinished. Thoughts left Visible* knapp 200 Arbeiten von der Renaissance bis zur Gegenwart, von denen viele nie beendet wurden. Gleichwohl sollten wir das Unvollendete nicht glorifizieren. Sehr oft weist es auf schwere Krisen hin, auf ein Straucheln und ein Scheitern, das Unvermögen, etwas abzuschließen, die Angst vor der eigenen Mittelmäßigkeit, ja, die Unmöglichkeit und die Anmaßung, mit den Göttern in einen Wettstreit treten zu können. Niemand weiß, warum Schubert seine achte Symphonie unvollendet ließ. Das Eingeständnis, etwas doch nicht so gut zu können, wie man vielleicht dachte, die Überwältigung durch Ablenkungen und anderweitigen Zeitvertreib, der nagende Zweifel daran, überhaupt in der Lage zu sein, etwas von Bestand zu schaffen: Keiner, der je behauptet hätte, es sei ein Zuckerschlecken, mit sich selbst zu ringen, mit seinen Dämonen, mit dem Nichtstun. Wolfgang Koeppen, der nach seiner *Trilogie des Scheiterns* in den 50er Jahren bis zu seinem Tod im Jahr 1996 weitgehend verstummte, wurde von Ulrich Raulff zum »heimlichen König des Aufschiebens« und »Fürst der Verschweiger« geadelt. Und in Ralph Ellisons Nachlass fanden sich tausende Seiten eines Romanentwurfs, an dem er von 1952 bis zu seinem Tod 1994 geschrieben hatte – und doch ließ er auf seinen ersten Erfolgsroman *Invisible Man* keinen weiteren folgen. Ob sie darüber starben oder endlos damit haderten: Charles Dickens, Jane Austen, Mark Twain oder David Foster Wallace, Vladimir Nabokov oder Nikolai Gogol ließen unvollendete Bücher zurück. Schon 1915 verfassten – und vollendeten – Albert R. Corns und Archibald Sparke ihre *Bibliography of Unfinished Books in the English Language*, die Hunderte von Titeln benennt. Goethes *Faust* findet sich nicht darin, nach 60 Jahren konnte er die Arbeit daran endlich abschließen. »Wer immer strebend sich bemüht, den können wir erlösen«, heißt es denn auch auf den letzten Seiten.

Alfred Hitchcock erzählt seinem Regiekollegen François Truffaut, dass ihm als Filmemacher die Lust zum Drehen genau dann verging, wenn er den Film bis ins Detail bereits in seinem Kopf fertiggestellt hatte. Sich noch auf den Regiestuhl zu pflanzen, sich mit Schauspielern, Kameraleuten, dem Produzenten, den Maskenbildnern, der Beleuchtung herumzuschlagen, all das verwässerte ihm bereits seine Vision, an die der fertiggestellte Film niemals heranreichen konnte. Robert Musil, der seinen *Mann ohne Eigenschaften* unvollendet zurückließ, stellte seinem ersten Roman, *Die Verwirrungen des Zöglings Törless* ein Zitat Maurice Maeterlincks voran, das bereits den Horror Vacui erkennen lässt, der sich immer im Bemühen einstellt, Gedanken in Wörter zu erlösen: »Sobald wir etwas aussprechen, entwerten wir es seltsam. Wir glauben, in die Tiefe der Abgründe hinabgetaucht zu sein, und wenn wir wieder an die Oberfläche kommen, gleicht der Wassertropfen an unseren bleichen Fingerspitzen nicht mehr dem Meere, dem er entstammt. Wir wähnen eine Schatzgrube wunderbarer Schätze entdeckt zu haben, und wenn wir wieder ans Tageslicht kommen, haben wir nur falsche Steine und Glasscherben mitgebracht: und trotzdem schimmert uns der Schatz im Finstern unverändert.« Nathaniel Hawthorne, der düstere amerikanische Schriftsteller des 19. Jahrhunderts, fand, dass Sprache einen »dicken, dunklen Geheimschleier zwischen die Seele und ihrer Wahrheit« lege, weswegen alle Versuche, etwas Tatsächlichem und Tiefem durch Schrift und Worte habhaft zu werden, zum Scheitern verurteilt sind. Für William Gaddis waren Unterfangen dieser Art 100 Jahre später immer schon eine verlorene Schlacht, die es sich für den Künstler dennoch zu führen lohne. Der Welt, voll Götzenbilder, wirtschaftlicher Abhängigkeiten und unbedeutendem Zeitvertreib, vermag für ihn einzig der Künstler kraft seiner Arbeit zu entkommen: »Künstler sind darum bemüht, unsere materialistische Ramschwelt zu überwinden, die wir jedesmal erblicken, sobald wir nur aus dem Fenster schauen. Der Künstler möchte die Ketten der Sterblichkeit sprengen. Die Künste sind unser Versuch, uns genau davon zu befreien, was uns

Tag für Tag die eigene Vergänglichkeit spüren lässt.« Wer schreibt, der bleibt – so lautet ein Sprichwort. Zurück bleibt das Buch. Und jeder Künstler weiß um den Tod, den sein Werk überlebt. »Was ist denn ein Künstler anderes als der Abschaum seines Werks?«, fragt Gaddis. »Wir sind nichts weiter als der menschliche Trümmerhaufen, der dem Werk herumfolgt.«

Das herrlichste unvollendete Kunstwerk beschert uns indes Honoré de Balzac in seiner Novelle *Das unbekannte Meisterwerk* von 1831. Zehn Jahre hat der berühmte Maler Frenhofer an einem Gemälde gearbeitet, dass er nun seinen jüngeren Kollegen erstmals präsentiert. Ganz Paris spricht seit langem schon von diesem sagenumwobenen Werk. Was das vollkommene Bildnis einer jungen Frau darstellen soll, existiert allerdings ausschließlich in der Phantasie des Künstlers und ist für die Betrachter nichts anderes als ein »Chaos von Farben, Tönen und unbestimmten Nuancen«, das sie auf der Leinwand sehen, »eine Art von Nebel ohne Form.« Deren Enttäuschung eingedenk verfällt Frenhofer in der darauffolgenden Nacht dem Wahn und stirbt, nicht bevor er alle Bilder verbrannt hat. Gleichwohl siegt die Sinnlichkeit. Balzacs Erzählung rettet das Gemälde und mit ihm den Blick auf die absolute Schönheit: Hatten Frenhofers Freunde doch im Wust der Farben und Linien in einer Ecke des Gemäldes einen überwältigend zart und liebreizend gemalten weiblichen Fuß ausgemacht, der mit das Unwiderstehlichste darstellte, was sie jemals geschaut hatten. Immerhin: Frenhofers Gemälde hat, ungeachtet seiner Zerstörung in der Novelle selbst, in den vergangenen zwei Jahrhunderten Künstler wie Pablo Picasso oder Filmemacher Jacques Rivette inspiriert und damit bislang erfolgreich den Zeitläuften getrotzt.

Literaturverzeichnis, Quellenangaben

AN DIE LESERIN, AN DEN LESER

Charles Baudelaire, *Die Blumen des Bösen* (1857), Frankfurt am Main: Insel 1977.

Ulrich Dobhan und Elisabeth Peters (Hg.), *Teresa von Ávila. Werke und Briefe*, Freiburg: Herder 2015.

Carlo Ginzburg, *Spurensicherung. Über verborgene Geschichte, Kunst und soziales Gedächtnis*, Berlin: Wagenbach 1983 (S. 37), zitiert nach Gabriele Woithe, *Das Kunstwerk Lebensgeschichte. Zur autobiographischen Dimension Bildender Kunst*, Berlin: Logos 2008, S. 66.

Kevin Rawlinson and Alan Yuhas, »›I was left speechless‹: Bob Dylan breaks two-week silence over Nobel Prize«, in: *The Guardian*, 29.10.2016.

Hartmut Rosa, »Mehr Resonanz. Auswege aus der Beschleunigungsgesellschaft«, in: *SWR2 Aula*, 18. September 2016, Redaktion: Ralf Caspary (Manuskript).

Alex Rühle, »Virginie Despentes über Jugend: Das Interview«, in: *Süddeutsche Zeitung*, 17./18.3.2018, S. 56.

Für ihre Anregungen und die zahlreichen Gespräche danke ich Christoph Niemann, Jan Wagner, Dr. Denis Heuring, Chris Dercon, Anita Albus, Anneli Botz, Marc Gegenfurtner, Alexandra Resnikov, Martin Eder, Dr. Isabella Wedl, Marlene Bielefeld, Charlie Stein,

Anna-Marie Merkle, Michael Ruetz, Sascha Rocens, Jo Lendle, Tobias Heyl, Martha Bunk, Leo Lencsés, meiner Frau Friederike sowie unseren Kindern Balthazar, Konstantin und Helena.

DER BRIEFTRÄGER CHEVAL

Edward Burns (Hg.), *The Letters of Gertrude Stein and Carl Van Vechten, 1913–1946*, New York: Columbia University Press 1986.
Gérard Denizeau, *Palais idéal du facteur Cheval. Le palais idéal, le tombeau, les écrits*, Paris: Nouvelles éditions Scala 2011.

ZEITKAPSELN

James Barron, »The Time to Retrieve Time's Time Capsule is at Hand«, in: *The New York Times,* 25.7.2017.
Simon Elmes, »The Secrets of Andy Warhol's Time Capsules«, in: *BBC News Magazine*, 10.9.2014.
Klaus Görner (Hg.), *Andy Warhol's Time Capsule 21*, Köln: DuMont 2003 (Ausstellungskatalog, u. a. Museum für Moderne Kunst, Frankfurt am Main).
Jack Hitt, »How to Make a Time Capsule«, in: *The New York Times Magazine*, 5.12.1999.
Guy de Maupassant, »Das Haar« (1884), in: *Schnaps-Anton und andere Novellen*, Berlin: Contumax 2015.
Edgar Allan Poe, *Der Rabe* (1845), Frankfurt am Main: Insel 1982.
Catherine Spencer, »Why Andy Warhol still surprises, 30 years after his Death«, in: *Independent,* 22.2.2017.

Der Hinweis und die Audioaufnahme zur Zeitkapsel in Joseph Pulitzers *World Building* finden sich im Online-Archiv der Columbia University Libraries, New York.

JOHN CAGE
IN HALBERSTADT

Roman Bucheli, »Das langsamste Orgelkonzert der Welt«, in: *Neue Zürcher Zeitung*, 13.1.2014.

John Darnielle, »There are other forces at work. John Cage comes to Halberstadt«, in: *Harper's Magazine*, Januar 2016.

Till Krause, »Längstes Konzert der Welt. Achtung, Klangwechsel!«, in: *Frankfurter Allgemeine Zeitung*, 10.2.2009.

Steven Rosenberg, »New Note at ›Longest Concert‹«, in: *BBC News*, 10.2.2009.

Ulrich Stock, »Das Summen Gottes«, in: *Die Zeit*, 28.7.2011.

Ulrich Stock, »Die Töne sind da. Wir sind noch da«, in: *Die Zeit*, 5.1.2017.

Daniel J. Wakin, »An Organ Recital for the very, very patient«, in: *The New York Times*, 5.5.2006.

H. G. Wells, *Die Zeitmaschine* (1895), München: Deutscher Taschenbuch Verlag 1996.

Carlton Wilkinson, »Millennium Jukebox«, in: *The Brunswick Review* 12 2017 S.1–8.

Prof. Dr. Rainer O. Neugebauer und der John Cage Orgel Stiftung in Halberstadt sei herzlich für den Austausch sowie für die Gastfreundschaft von Angelika Wegener und Manuela Maynicke vor Ort gedankt. Zudem enthält die Webseite zu Cages *As Slow As Possible* zahlreiche wertvolle Informationen zum Thema.

AUFMERKSAMKEITS-ÖKONOMIE

Carl Honoré, *Slow Life: Warum wir mit Gelassenheit schneller ans Ziel kommen*, München: Goldmann 2007.

Andrew Keen, *How to Fix the Future: Staying Human in the Digital Age*, London: Atlantic Books 2018.

Jared Lanier, *Zehn Gründe, warum du deine Social Media Accounts sofort löschen musst*, Hamburg: Hoffmann und Campe 2018.

Erwin Panofsky, *Meaning in the Visual Arts*, New York: Doubleday 1955, S. 341.

WAS AUF DEN TISCH KOMMT

Sarah B. McClure et al., »Fatty acid specific δ^{13}C values reveal earliest Mediterranean cheese production 7,200 years ago«, in: *Plos One 13/9*, San Francisco: Public Library of Science 2018.

Danielle Pergament, »Going to the Source for a Sacred Italian Cheese«, in: *The New York Times*, 3.1.2018.

Marco Polo, *Il Millione. Die Wunder der Welt* (1298/99), Zürich: Manesse 1997.

Casey Quackenbush, »Archeologists have discovered the World's oldest Cheese inside an ancient Egyptian Tomb«, in: *TIME*, 20.8.2018.

Christoph Theuner, »Die reiche Kost der armen Leute«, in: *Frankfurter Allgemeine Zeitung*, 16.8.2018, S. 12.

Das Abendessen im *Dinner* von Heston Blumenthal im Londoner Mandarin Oriental Hyde Park verdanke ich meinem Bruder Carsten Girst. Mein Dank gilt zudem Leonore Kalmes.

MILLENNIUM-
PROBLEME

Holger Dambeck, »Jahrhundert-Beweis. Einsiedler verschmäht
  Mathe-Medaille«, in: *Spiegel Online*, 22.8.2006.
Peter Galison, *Einsteins Uhren, Poincarés Karten. Die Arbeit an der
  Ordnung der Zeit*, Frankfurt am Main: Fischer 2002.
Luke Harding, »Grigory Perelman, the maths genius who said no to
  $1m«, in: *The Guardian*, 23.3.2010.
Sylvia Nasar und David Gruber, »Annals of Mathematics: Manifold
  Destiny. A legendary problem and the battle over who solved it«,
  in: *The New Yorker*, 28.8.2006.

Mein Dank für wichtige Hinweise gilt Prof. Dr. Christian Bayer,
Hochschule Aalen.

VERFALLSDATEN

Battelle Institut, »Reducing the likelihood of future human activities
  that could affect geologic high-level waste repositories«,
  Columbus, Ohio: Office of Nuclear Waste Isolation 1984.
Peter Galison und Robb Moss, *Containment* (Dokumentarfilm),
  Redacted Pictures 2015.
Robert Gast, »Atom-Semiotik. Ein Warnschild ohne Halbwertszeit«,
  Spektrum Online, 21.8.2012.
Daniel Kehlmann, »Dankesrede anlässlich der Verleihung des
  Frank-Schirrmacher-Preises«, in: *Frankfurter Allgemeine Zeitung*,
  4.9.2018, S. 11.
Rachel Sussman, *The Oldest Living Things in the World*, Chicago:
  Chicago University Press 2014.
Anna Weichselbraun, »Containment. Directed by Peter Galison and
  Robb Moss«, in: *Environmental History* 23/2 (1.4.2018), S. 393–396.

Dank an Prof. Dr. Michael John Gorman für seine essentiellen Hinweise sowie Prof. Dr. Peter Galison, Harvard University, für den Austausch. Die Informationen über Dyveke Sannes Lichtinstallation für das Svaldbard Global Seed Vault verdanke ich der Webseite von Public Art Norway.

MUSSE UND MÜSSIGGANG

Charles Baudelaire, »Der Maler des modernen Lebens« (1863), in: *E. T. A. Hoffmann Jahrbuch*, Berlin: Erich Schmidt 2005, S. 109.

Walter Benjamin, zitiert in: Tom Hodgkinson, *Anleitung zum Müßiggang*, Berlin: Rogner & Bernhard 2004.

Gustave Flaubert, *Wörterbuch der Gemeinplätze* (1911 posthum), Frankfurt am Main: Insel 1991, S. 104.

Ulrich Grober, »Hunger nach Entschleunigung« (Interview), in: *Wandermagazin* 135, Juni/Juli 2007.

Friedrich Hebbel, in: *Leipziger Illustrierte Zeitung*, 4.9.1858, zitiert nach Urban Roedl, *Adalbert Stifter in Selbstzeugnissen und Bilddokumenten*, Hamburg: Rowohlt 1965, S. 150.

Jean-Jacques Rousseau, *Vom Gesellschaftsvertrag* (1762), Stuttgart: Reclam 1986.

Richard Sennett, *The Uses of Disorder: Personal Identity and City Life* (1970), New Haven: Yale University Press 2008.

Adalbert Stifter, *Der Nachsommer* (1857), Frankfurt am Main: Insel 1982, S. 495.

Birgit Verwiebe und Gabriel Mantua (Hg.), *Wanderlust. Von Caspar David Friedrich bis Auguste Renoir*, München: Hirmer 2018 (Ausstellungskatalog, Neue Nationalgalerie Berlin)

Über den Austausch zu Goethe verdanke ich Dr. Dirk Ippen wichtige Impulse für dieses Kapitel.

GEDULD

Michael Ende, *Momo* (1973), Stuttgart: Thienemann 2013.
Michael Ruetz, *Cosmos. Elements in Harmony*, Göttingen: Steidl 1997.
Michael Ruetz, *Sichtbare Zeit. Time Unveiled*, Göttingen: Steidl 1997.
Michael Ruetz, *Eye on Time,* Göttingen: Steidl 2007.
Michael Ruetz, *Die absolute Landschaft*, Wadenswill (Schweiz): Nimbus 2018.
Kurt Rehkopf, *From Within Out: The Story of Alfred Stieglitz, Lewis Mumford, and Modern Organicism*, Hamburg: Univ., Diss. 2004.
Walt Whitman, *Grasblätter* (1855), München: Hanser 2009.

Mein Dank gilt Dr. Kurt Rehkopf und Frau Claudia Glenewinkel.

DER TOD MUSS STERBEN

Alison Arieff, »Life is Short, That's the Point«, in: *The New York Times*, 18.8.2018.
Alexander Armbruster und Joachim Müller-Jung, »Sind wir bald unsterblich? Wie das Silicon Valley den Tod überwinden will«, in: *Frankfurter Allgemeine Woche* 23, 1.6.2018, S. 14–21.
Ester Bloom, »Google's co-founders and other Silicon Valley billionaires are trying to live forever«, in: *CNBC Money*, 21.3.2017.
Mark O'Connell, *To Be a Machine: Adventures among Cyborgs, Utopians, Hackers and Futurists Solving the Modest Problem of Death*, New York: Doubleday 2017.
Manfred Dworschak, »Geist auf Eis«, in: *Der Spiegel* 15, 7.4.2018, S. 103.
Barbara Ehrenreich, *Natural Causes: An Epidemic of Wellness, the Certainty of Dying, and Killing Ourselves to Live Longer*, New York: Twelve (Hachette) 2018.
W. Harry Fortuna, »Disrupting Dying: Seeking eternal Life, Silicon Valley is solving for Death«, in: *Quartz*, 8.11.2017.

Tad Friend, »Silicon Valley's Quest to live Forever«, in: *The New Yorker*, 3.4.2017.

Mark Halper, »Supercomputing's super Energy Need, and what to do about them«, in: *Communications of the Association for Computing Machinery*, 24.9.2015.

Yuval Noah Harari, *Homo Deus. Eine Geschichte von Morgen*, München: C. H. Beck 2018.

Pagan Kennedy, »No Magic Pill will get you to 100«, in: *The New York Times*, 14.3.2018, S. 9.

Wilhelm Schmid, »Unsterblichkeit. Wollt ihr ewig leben?«, in: *Die Zeit*, 8.11.2017.

Thomas Schulz, *Zukunftsmedizin. Wie das Silicon Valley Krankheiten besiegen und unser Leben verlängern will*, München: Deutsche Verlagsanstalt 2018.

Botho Strauß, *Der Fortführer*, Hamburg: Rowohlt 2018.

RENDEZVOUS

Marina Abramović und Ulay (Hg.), *The Lovers*, Amsterdam: Stedelijk Museum 1989, (Ausstellungskatalog), S. 27.

Marc Frencken, »Lovers Abramović and Ulay walk the length of the Great Wall of China from opposite ends, meet in the middle, and break up«, in: *Kickasstrips*, 14.1.2015.

Jonathan Jones, »Mark Rothko: Feeding Fury«, in: *The Guardian*, 7.12.2002.

Arne Lieb, »Kurioser Fund in Düsseldorf: Der Zahlenkünstler hat sich verzählt«, in: *Rheinische Post Online*, 29.4.2018.

Tamara Marszalkowski, »›One Million Years – Past and Future‹ von On Kawara«, in: *Kunsthalle Schirn Magazin,* 27.10.2015.

Christopher Rothko, *Mark Rothko. From the Inside Out*, New Haven: Yale University Press 2015, S. 155.

Die Hinweise von Prof. Dr. Bernhard Maaz, Generaldirektor der Pinakotheken, München, waren außerordentlich hilfreich. Joseph Kosuth danke ich für den E-Mail-Austausch.

ÉROS, C'EST LA VIE

Marcel Duchamp, »Soll der Künstler an die Universität gehen?« (1960), in: Serge Stauffer, *Marcel Duchamp. Die Schriften* 1, Zürich: Regenbogen 1981, S. 240f.

Marcel Duchamp, »Where do we go from here?« (1961), in: Serge Stauffer, *Marcel Duchamp. Die Schriften* 1, Zürich: Regenbogen 1981, S. 241f.

Thomas Girst, *The Duchamp Dictionary*, Thames and Hudson: London 2014, S. 69ff. (Étant Donnés), S. 118 (Maria Martins), S. 151 (Quick Art), S. 177 (Time).

Julien Levy, *Memoirs of an Art Gallery*, New York: Putnam 1977, S. 20.

Dank an Carlos Basualdo, Chefkurator des Philadelphia Museum of Art, für die zahlreichen Stunden in den Ausstellungsräumen zu Marcel Duchamp.

SPREZZATURA

Baldassare Castiglione, *Der Hofmann. Lebensart in der Renaissance* (1528), Berlin: Wagenbach 2004, S. 35f.

Cicero, *De oratore* (55 v. Chr.), Leipzig: Reclam 1986.

Iwan Gontscharow, *Oblomow* (1859), Frankfurt am Main: Insel 2009.

Yuval Noah Harari, *Eine kurze Geschichte der Menschheit*, München: Pantheon 2013, S. 69f.

Milan Kundera, *Die Langsamkeit* (1995), Frankfurt am Main: Fischer 2014.

Paul Lafargue, *Das Recht auf Faulheit*, Berlin: Matthes & Seitz 2013, S. 8, S. 14.

Thomas Mann, *Der Zauberberg* (1924), Frankfurt am Main: Fischer 1991.

Herman Melville, *Bartleby, der Schreiber* (1853), Frankfurt am Main: Insel 2008.

Friedrich Nietzsche, *Kritische Studienausgabe in 15 Bänden*, Berlin: Walter de Gruyter 1988 (Bd. 3), S. 17.

Sten Nadolny, *Die Entdeckung der Langsamkeit* (1983), Piper: München 2012.

Thorsten Veblen, *Die Theorie der feinen Leute* (1899), München: Deutscher Taschenbuch Verlag 1971.

Oscar Wilde, *Das Bildnis des Dorian Gray* (1890), Zürich: Diogenes 1996.

RAUMSCHIFF ERDE

Colin Barras, »How long will Life survive on Planet Earth«, in: *BBC Earth*, 23.3.2015.

Richard Buckminster Fuller, *Bedienungsanleitung für das Raumschiff Erde* (1968), Fundus, Hamburg 2010.

Joss Fong, »The 116 Photos NASA picked to explain our World to Aliens«, in: *Vox*, 11.11.2015.

Rhett Herman, »How fast is the earth moving?«, in: *Scientific American*, 26.10.1998.

Elizabeth Howell, »Voyager 1: Earth's Farthest Spacecraft«, in: *Space*, 28.2.2018.

Marshall McLuhan, zitiert in: Sabine Höhler, *Spaceship Earth in the Environmental Age 1960–1990*, New York: Routledge 2016.

Susan Sontag, zitiert in: Barbara Ching und Jennifer A. Wagner-Lawlor (Hg.), *The Scandal of Susan Sontag*, New York: Columbia University Press 2009, S. 195.

Zahlreiche Hinweise zu diesem Kapitel finden sich auf den Webseiten der National Aeronautics and Space Administration (NASA). Weitere Informationen zum Voyager Projekt sind auf der Webseite des Jet Propulsion Laboratory der NASA, California Institute of Technology, aufgeführt.

SCHWARZE SCHWÄNE

Angela Duckworth, *Grit – Die neue Formel zum Erfolg: Mit Begeisterung und Ausdauer ans Ziel*, München: C. Bertelsmann 2017.

Daniel Kahnemann, *Schnelles Denken, langsames Denken,* München: Siedler 2012.

Nicholas Karlson, »The ›Dirty Little Secret‹ About Google's 20 % Time, According to Marissa Mayer«, in: *Business Insider*, 13.1.2015.

Odo Marquardt, *Zukunft braucht Herkunft. Philosophische Essays*, Stuttgart: Reclam 2003.

Michael E. Porter und Nitin Nohria, »Wie Manager ihren Tag planen«, in: *Harvard Business Manager* (Themenheft »Zeitmanagement«) 9/2018, S. 18–31.

Peter Schwartz, *The Art of the Long View: Planning for the Future in an Uncertain World*, New York: Crown Business 1996.

EWIGKEIT

Dante Alighieri, *Göttliche Komödie* (1321), Stuttgart: Reclam 1986.

Fjodor Dostojewskij, *Verbrechen und Strafe* (1866), Frankfurt am Main: Fischer 1996, S. 424.

Johann Wolfgang von Goethe, *Faust* (1772–1882), München: C. H. Beck 1987.

Henry James, »The Art of Fiction« (1884), in: *The Norton Anthology of American Literature*, Bd. 2, New York: Norton 1989, S. 461.

Henry James, *The Art of the Novel. Critical Prefaces* (1909), Chicago: University of Chicago Press 2011.

James Joyce, *Ein Porträt des Künstlers als junger Mann* (1916), Frankfurt am Main: Suhrkamp 1988.

William Shakespeare, *Hamlet* (ca. 1603), in: *William Shakespeare. Sämtliche Werke in vier Bänden*, Berlin: Aufbau 1974, S. 302.

William Shakespeare, *Macbeth* (ca. 1606), zitiert nach: Iso Camartin, »Der hohe Stil und das makabre Spiel«, S. 99–108, in: Michael Assmann (Hg.), *Jahrbuch 1996. Deutsche Akademie für Sprache und Dichtung* Göttingen: Wallstein 1997.

William Shakespeare, *Sonette* (1609), Wien: Wegweiser 1924 (Sonett XVIII).

William Shakespeare, *Verlorene Liebesmüh* (1597), München: Deutscher Taschenbuch Verlag 2000.

Anne Thackeray, *The Story of Elizabeth*, London: Smith, Elder & Co., 1863.

PECHTROPFEN

Shane Bergin, Professor of Science Education am University College Dublin, und Andrew White, Physikprofessor am Centre for Engineered Quantum Physics der University of Queensland, Australien, danke ich für die ausführlichen Telefoninterviews. Zum Pechtropfenexperiment finden sich zahlreiche Informationen auf den Webseiten der beiden Hochschulen. Den Hinweis auf die humoristischen Kunstausstellungen (u. a. M. E. Schleich, *Pimplhuber in der Industrie-Ausstellung nebst einem alphabetischen Fremdenführer*, München 1854, o. S.) verdankt der Autor Dr. Florian Dering, ehemaliger stellv. Direktor des Münchner Stadtmuseums, in dessen Sammlung sich zahlreiche historische Kataloge und Beiträge zum Thema finden. Der vierseitige *Führer durchs Bauern-Museum. Zum ersten Male am Münchner Oktoberfest 1911 aufgestellt* fand sich dank Sabine Rinberger und Andreas Koll im Karl Valentin Archiv, München.

NACHHALTIGKEIT

René Descartes, *Entwurf einer Methode: Mit der Dioptrik, den Meteoren und der Geometrie* (1637), Hamburg: Felix Meiner (Philosophische Bibliothek, Bd. 643) 2013, S. 58.

René Goscinny und Albert Uderzo, *Asterix und Obelix bei den Briten* (1966), Berlin: Ehapa 1971.

Jane Jacobs, *The Death and Life of Great American Cities. The Failure of Current Planning* (1961), New York: Vintage Books 1992.

Silke Langenberg, *Reparatur: Anstiftung zum Denken und Machen*, Berlin: Hatje Cantz 2018.

Lewis Mumford, »What is a City«, in: *Architectural Record* LXXXII (November 1937), S. 58–62.

Tom Williamson, *Polite Landscapes: Gardens and Society in Eighteenth-Century England*, Baltimore: Johns Hopkins University Press 1995.

Prof. Dr.-Ing. Silke Langenberg sei hiermit für ihre zahlreichen Hinweise sowie für ihren Kontakt zu Prof. Yves Ebnöther, Marco Wegner, Prof. Dr. Axel Klausmeier und Prof. Dr. Leo Schmidt gedankt. Auch Holger Liebs und Olaf Nicolai gebührt mein Dank.

1000 JAHRE SIND EIN TAG

Charles Baudelaire, *Die Blumen des Bösen* (1857), Frankfurt am Main: Insel 1977.

Arno Borst, *Computus*. Zeit und Zahl in der Geschichte Europas, Berlin: Wagenbach 1990.

Friedrich Nietzsche, *Die fröhliche Wissenschaft*, Werke in drei Bänden (Bd. 2), Hanser: München 1954, S. 190f.

Hartmut Rosa, *Beschleunigung, Die Veränderung der Zeitstrukturen in der Moderne*, Frankfurt am Main: Suhrkamp 2005.

Botho Strauß, *Der junge Mann*, München: Hanser 1984.
Carlton Wilkinson, »Millennium Jukebox«, in: *The Brunswick Review* 12, 2017, S. 1–8.
Uwe Wittstock, »Wozu brauchen wir noch Philosophen, Herr Precht?«, in: *Focus Magazin* 51, 2017.

Zahlreiche Informationen zum Thema befinden sich auf der Webseite der *Long Now Foundation*, San Francisco. Mein großer Dank gilt dem Aktivisten und Althippie Stewart Brand sowie dem Executive Director und Long Now Clock Project Manager Alexander Rose.

KIRSCHBLÜTEN

Yasuyuki Aono und Keiko Kazui, »Phenological Data Series of Cherry Tree Flowering in Kyoto, Japan, and its Application to reconstruction of springtime temperatures since the 9th century«, in: *International Journal of Climatology* 28/7 (Juni 2008), S. 905–914.
Helena Attlee, *The Gardens of Japan*, London: Frances Lincoln 2010.
Basil Hall Chamberlain, *ABC der japanischen Kultur* (1891), Zürich: Manesse 1991.
Murielle Hladik, Axel Sowa, Eva Kraus (Hg.), *Von der Kunst, ein Teehaus zu bauen. Exkursionen in die japanische Ästhetik*, Staatliches Museum für Kunst und Design: Nürnberg 2017 (Ausstellungskatalog Neues Museum Nürnberg).
Tanizaki Jun'ichirō, *Lob des Schattens* (1933), Zürich: Manesse 2010, S. 25f.
Leonard Koren, *Wabi-Sabi. Woher? Wohin? Weiterführende Gedanken für Künstler, Architekten und Designer*, Tübingen: Wasmuth 2015.
Gouverneur Mosher, *Kyoto. A Contemplative Guide*. Tuttle: Tokyo 1964, S. 269.
Murasaki Shikibu, *The Tale of the Genji* (11. Jahrhundert), New York: Knopf 1978, S. 24.
Jochen Wiede, *Fernöstliche Gartenkultur*, Stuttgart: Maxi 2018.

Mein großer Dank gilt Dr. Murielle Hladik und Dr. Eva Kraus sowie Karsten Schmitz für die Vermittlung. Doris Dörrie bereicherte dieses Kapitel mit zahlreichen Hinweisen während eines Abendessens im Münchner Literaturhaus. Das kurze Video »What Is Pop Art to Andy Warhol?« kann auf der Webseite des San Francisco Museum of Art eingesehen werden.

EPOCHE DER HAST

Céleste Albaret, *Monsieur Proust*, München: Kindler 1974, S. 10.
Alain de Botton, *Wie Proust Ihr Leben verändern kann. Eine Anleitung* (1997), Frankfurt am Main: Fischer 2000, S. 42.
Dieter Hoffmann, *Einsteins Berlin. Auf den Spuren eines Genies*, 2006, Weinheim: Wiley-VCH 2006.
Marcel Proust, *Auf der Suche nach der verlorenen Zeit* (1913–1927 posthum), 10 Bände, Frankfurt am Main: Suhrkamp 1979, S. 63–67, S. 2329, S. 3966.
Marcel Proust, *Das Flimmern des Herzens*, Berlin: Die Andere Bibliothek 2017, S. VII (Vorwort und Übersetzung von Stefan Zweifel).
Jochen Schmidt, *Schmidt liest Proust*, Dresden: Voland & Quist, S. 10.

Den Proustforschern und -liebhabern Luzius Keller und Bernd-Jürgen Fischer sei hiermit für ihre zahlreichen Hinweise und den bereichernden Austausch gedankt.

SPUREN
IM SCHNEE

Walter Benjamin, »Robert Walser« (1929), in: *Illuminationen. Ausgewählte Schriften 1*, Frankfurt am Main: Suhrkamp 1977.

Iris Blum, »Robert Walser, Herisauer Jahre 1933–1956«, in: *Schweizerische Ärztezeitung*, S. 689–691.

Bernhard Echte, »Robert Walser. Chronik von Leben und Werk«, in: *Du. Die Zeitschrift der Kultur*, 730 (Oktober 2002), S. 80–85.

Lucas Marco Gisi (Hg.), *Robert Walser Handbuch Leben-Werk-Wirkung,* Stuttgart: J. B. Metzler 2018.

Friedrich Nietzsche, *Briefwechsel,* Kritische Gesamtausgabe III 7/1, Berlin: Walter de Gruyter 2003, S. 998.

W. G. Sebald, »Le promeneur solitaire. Zur Erinnerung an Robert Walser«, in: *Logis in einem Landhaus*, München: Hanser 1998, S. 127–168, S. 156.

Carl Seelig, *Wanderungen mit Robert Walser* (1957), Frankfurt am Main: Suhrkamp 1996, S. 49, 51, 166.

Elke Siegel, *Aufträge aus dem Bleistiftgebiet. Zur Dichtung Robert Walsers*, Würzburg: Königshausen und Neumann 2000, S. 12.

Robert Walser, »Der Spaziergang« (1917), in: *Robert Walser. Das Gesamtwerk III*, Frankfurt am Main: Suhrkamp 1978, S. 209–277.

Robert Walser, *Der Räuber* (1925), Frankfurt am Main: Suhrkamp 2003, S. 173.

Robert Walser, »Das Kind«, in: *Träumen. Prosa aus der Bieler Zeit 1913–1920*, Frankfurt am Main, Suhrkamp 1985.

Peter Witschi (Hg.), »Robert Walser, Herisauer Jahre 1933–1956«, Herisau: *Appenzeller Hefte* 2001 (Ausstellungskatalog)

BLEIBENDE WERTE

Ayana Archie und Ralph Ellis, »A quadrillion tons of diamond lie deep beneath the Earth's surface«, in: *CNN Style*, 18.7.2018.

Georgy A. Belyanin, Jan D. Kramers, Marco A. G. Andreoli et al., »Petrography of the carbonaceous, diamond-bearing stone ›Hypatia‹ from southwest Egypt: A contribution to the debate on its origin«, in: *Geochimica et Cosmochimica Acta* 223, 15.2.2018, S. 462–492.

Jay Bennett, »Incredible Hypatia Stone contains compounds not found in the Solar System«, in: *Popular Mechanics*, 10.1.2018.

University of Bristol, »Where does all Earth's gold come from? Precious metals the result of meteorite bombardment, rock analysis finds«, in: *Science Daily*, 9.9.2011.

A. Lucas und J. R. Harris, *Ancient Egyptian Materials and Industries* (1934), Mineola: Dover, 2005.

Thomas Mann, *Josef und seine Brüder* IV (1943), Frankfurt am Main: Fischer 1974, S. 750.

Jan Wagner, *Gold*. Revue, Hörspiel mit Musik von Sven-Ingo Koch, München: Hörverlag 2018 (2 CDs).

Dem Ägyptologen Prof. Dr. Dietrich Wildung und dessen Frau Dr. Sylvia Schoske, Direktorin, Staatliche Sammlung Ägyptischer Kunst in München, sei herzlich für ihre Zeit gedankt.

DIE EISPROZESSION

Andreas Bertram-Weiss, *Eisbrücke in die Vergangenheit – eine historische Untersuchung der Eisprozession*, Scherzingen, 2013 (Manuskript).

Luis Buñuel, *Mein letzter Seufzer*, Berlin: Alexander Verlag 2004.

Werner Dobras, *Wie ist das Eis so heiß: Die Geschichte der Seegfrörnen von 875 bis heute*, Bergatreute: Eppe 2003.

Kathrin Fromm, »Jahrhundertereignis Seegfrörne: Als die Massen übers Wasser gingen«, in: *Spiegel Online*, 7.2.2013.

Stefan Hilser, »Johannesbüste zurück in Münsterlingen«, in: *Südkurier*, 9.2.2014.

Dieter Hubatsch, *Über eisige Grenzen: Seegfrörne vor 50 Jahren*, Friedrichshafen: Robert Gessler 2012.

Heidi Keller, »Tauchunfall: Tod von Pfarrer Demling schockiert Immenstaad«, in: *Südkurier*, 2.3.2014.

Herrn Rudolf Dimmeler, 1. Vorsitzender des Heimat- und Geschichtsvereins Hagnau am Bodensee e.V., und Diakon Matthias Loretan, Leiter Pastoralraum Altnau (Schweiz), sind für die zahlreichen Hinweise und Informationen gedankt.

ENZYKLOPÄDIEN

Jorge Luis Borges, »Die analytische Sprache von John Wilkins«, in: *Inquisitionen. Essays 1941–1952*, Frankfurt am Main: Fischer 1992, S. 113–117.

Geoff Dyer, *Zona*, New York: Pantheon 2012, S. 29, 52.

Umberto Eco, *Das offene Kunstwerk* (1962), Frankfurt am Main: Suhrkamp 1977.

Gustave Flaubert, *Madame Bovary* (1857), Zürich: Manesse 1994, S. 298.

Gustave Flaubert, *Bouvard und Pécuchet* (1881), Zürich: Diogenes 1979.

Michel Foucault, *Die Ordnung der Dinge* (1966), Frankfurt am Main: Suhrkamp 1994, S. 17.

Eve Houghton, »Pass the Tortoise Shell«, in: *Times Literary Supplement*, 26.9.2018.

William Shakespeare, *Wie es euch gefällt* (ca. 1599), in: *Shakespeare. Sämtliche Werke in vier Bänden* (Bd. 1), Berlin: Aufbau-Verlag 1994.

Leonardo da Vinci, »Traktat über die Malerei« (posthum, 1651), in:

Leonardo da Vinci. Schriften zur Malerei und sämtliche Gemälde, München: Schirmer/Mosel 2011.

Zahlreiche Hintergrundinformationen für dieses Kapitel verdanken sich dem regen Austausch mit Prof. Dr. Hans van Ess, Sinologe an der Ludwig-Maximilians-Universität, München.

KLANGKÖRPER

Baldassare Castiglione, *Der Hofmann. Lebensart in der Renaissance* (1528), Berlin: Wagenbach 2004, S. 38.
Mona Fromm, »Zauber einer Stradivari«, in: *Handelsblatt*, 23.–25.2. 2018, S. 38f.
Ivan Hewitt, »The Ultimate Challenge«, in: *The Telegraph*, 26.10.2005.
Christopher Livesay, »In the Italian Alps, Stradivari's Trees live on«, in: *National Public Radio*, 6.12.2014.

Jonathan Moulds stellte sich dank der Vermittlung von Nicolas Selman und Catherine McDowell vom London Symphony Orchestra für ein längeres Interview zur Verfügung. Darüber hinaus waren Gespräche mit Prof. Dr. Michael Bordt, Christian Gerhaher und vor allem Tarek Atoui für dieses Kapitel außerordentlich hilfreich.

HÄUSER, APARTMENTS, HÖHLEN

Anita Albus, *Die Kunst der Künste. Erinnerungen an die Malerei*, Frankfurt am Main: Eichborn 2005.
Anita Albus, *Im Licht der Finsternis. Über Proust*, Frankfurt am Main: Fischer 2011.

Richard McDougall, *The Very Rich Hours of Adrienne Monnier*, Simon & Schuster: New York 1976, S. 3, 30.

Yuval Noah Harari, *Eine kurze Geschichte der Menschheit*. München, Pantheon 2015, S. 33.

Harvey L. Jones (Hg.), *Intimate Appeal. The Figurative Art of Beatrice Wood*, Oakland: Oakland Museum (Los Angeles: The Craft and Folk Art Museum), Ausstellungskatalog 1990.

Dorothea Tanning, *Birthday*, San Francisco: Lapis 1986.

Dorothea Tanning, *Between Lives. An Artist and Her World*, New York: Norton 2001.

Beatrice Wood, *I Shock Myself*, San Francisco: Chronicle Books 1992.

Dank an Anita Albus, Prof. Dr. Alexander Kluge und Prof. Dr. Hermann Parzinger sowie Frau Gülsen Döhr. Meine Besuche bei Beatrice Wood, Dorothea Tanning und Louise Bourgeois zwischen 1996 und 2002 in New York und Kalifornien bleiben unvergesslich.

UNVOLLENDETES

Honoré de Balzac, *Das unbekannte Meisterwerk*, Frankfurt am Main: Fischer 1987, S. 109.

Kelly Baum, Andrea Bayer und Sheena Wagstaff (Hg.), *Unfinished. Thoughts Left Visible*, New Haven: Yale University Press 2016 (Ausstellungskatalog, Met Breuer, NY).

William Gaddis, »Die Faszination der Sprache: William Gaddis im Gespräch mit Emmanuelle Ertel«, in: Thomas Girst und Jan Wagner (Hg.), *Die Außenseite des Elementes* 8, Berlin und New York: NPAM 1999, S. 12.

Johann Wolfgang von Goethe, *Faust* (1772–1882), München: C. H. Beck 1987, S. 359.

Paul Ingendaay, »Träume aus der schwärzesten Dunkelheit«, in: *Frankfurter Allgemeine Zeitung*, 3.7.2004, S. 43.

Robert Musil, *Der Mann ohne Eigenschaften* (1930, 1933, 1943), Rowohlt: Hamburg 1990.

Robert Musil, *Die Verwirrungen des Zöglings Törless* (1906), Hamburg: Rowohlt 1993, S. 7.

Ulrich Raulff, *Mein ungeschriebenes Meisterwerk*, Köln: Maximilian-Gesellschaft 2012, o. S.

Grant Shreve, »In Praise of Unfinished Novels«, in: *The Millions*, 21.2.2018.

Francois Truffaut, *Mr. Hitchcock, wie haben Sie das gemacht?* (1966), München: Heyne 1997.

THOMAS GIRST, geboren 1971, studierte Kunstgeschichte, Amerikanistik und Neuere Deutsche Literatur an der Universität Hamburg und an der New York University. Promotion zu *Art, Literature, and the Japanese American Internment*. 1992 bis 2003 gab er gemeinsam mit Jan Wagner die Literaturschachtel »Die Außenseite des Elementes« heraus, in New York war er u. a. als Forschungsleiter des Art Science Research Laboratory unter dem Direktorat von Stephen Jay Gould, Harvard University, tätig. Der ehemalige *taz*-Korrespondent verantwortet seit 2003 das internationale Kulturengagement der BMW Group und ist Honorarprofessor an der Akademie der Bildenden Künste München. 2016 wurde er als »Europäischer Kulturmanager des Jahres« ausgezeichnet. Zuletzt erschienen *The Duchamp Dictionary* (2014) und *100 Secrets of the Art World* (2016). Thomas Girst lebt in München.

Foto: © Martin Eder 2018